Dualismus und Monismus

Zwei Seiten einer Medaille

© 2022, Günter Hiller
Herstellung und Verlag:
BoD - Books on Demand, Norderstedt
ISBN 9 783756294121

2. Auflage
gunterhiller@gmail.com

Vorwort

Der Untertitel dieses Essays deutet bereits an, wie ich die Welt verstehen möchte. Der Dualismus steht dabei für die zwei Seiten und der Monismus für die eine Medaille. Bei der Vorbereitung eines Vortrags zu diesem Thema habe ich bewusst eine Dreiteilung gewählt, wie wir sie auch bei einer Einteilung der Zeiten in Vergangenheit, Gegenwart und Zukunft verwenden.

Der Begriff der Unvollständigkeit steht symbolisch für die Zukunft, die allein deshalb unvollständig ist, weil wir ihren Ausgang nicht kennen. Wissenschaft findet jetzt statt, in der Gegenwart, die eigentlich immer eine *Zeitenwende* symbolisiert, den Übergang von der Vergangenheit in die Zukunft. Bleibt noch die Vergangenheit, die zwiespältig erscheint. Einerseits glauben wir, dass es nur eine Vergangenheit gab, eine eindeutige Vergangenheit, aber wir wissen tatsächlich nicht, welche!

Aus diesem Grund muss man die Vergangenheit, die Eindeutigkeit mit sehr vielen Fragezeichen versehen. Diese Unbestimmtheit hat die Menschheit schon immer verunsichert und diese Verunsicherung hat die Menschen seit Anbeginn dazu verleitet, nach Eindeutigkeit zu suchen, egal ob in den Religionen oder Wissenschaften. Insofern spiegelt unser Verständnis der Vergangenheit auch unser Verständnis der Welt wider!

Ziel dieses Essays ist es daher, dieses Verständnis der Vergangenheit zu hinterfragen und daraus neue Denkmodelle für die Zukunft zu entwickeln.

Berlin, im Sommer 2022

Günter Hiller

Für Gesine und Gerald

Inhalt

Die Welt ist ein lebendiges Wesen

Die Dosis macht das Gift

Paracelsus

Grenzen der Erkenntnis - *Konzept eines Vortrags*

Der Vortrag ist in drei Teile gegliedert, die auch die Dreiteilung der Zeit in Vergangenheit, Gegenwart und Zukunft
symbolisieren sollen.

Teil 1: Eindeutigkeit (Vergangenheit)

> von Begriffen
> der Sprache
> der Ursache-Wirkung-Kette
> von Vereinfachungen
> der Physik

Teil 2: Wissenschaft (Gegenwart)

> Spekulation
> Empirie
> gesicherte Erkenntnis
> Grenzen der Wissenschaft

Teil 3: Unvollständigkeit (Zukunft)

> von Systemen
> von Randbedingungen
> von Logik

Teil 1

In meinem Vortrag möchte ich zunächst erläutern, warum ich Wissenschaft als **naiv** bewerte. Dazu ist es allerdings erforderlich, den Begriff *naiv* näher zu beleuchten. Der Begriff ist abgeleitet von französisch naïf und wird mit unterschiedlichen Bedeutungen assoziiert, wie beispielsweise ‚*kindlich'*, ‚*ursprünglich'*, ‚*einfältig'*, ‚*harmlos'*, ‚*töricht'*. Bei Google finden sich noch weitere Synonyme, die aber das Verständnis nicht verbessern. Die Bedeutungen der Synonyme sind zwar ähnlich, aber dennoch alle verschieden, von *ursprünglich* bis *töricht*. Da Naivität eine Lernfähigkeit nicht ausschließt, sollte man mit einer Bewertung sorgsam umgehen. Ein Deutschlehrer meines Sohnes bemerkte mal sehr richtig, dass im Wortschatz begrenzte Sprachen, im Deutschen etwa um die 200.000 Worte, es sich gar nicht leisten können, zwei Worte für ein und dieselbe Bedeutung zu haben, das wäre eine Wortverschwendung!

Im Gegenteil, sehr häufig verwenden wir das gleiche Wort für unterschiedliche Bedeutungen. Das führt dann zu fundamentalen Missverständnissen, besonders dann, wenn eine Sprache für Klarheit und Eindeutigkeit entwickelt wurde, wie beispielsweise die Mathematik oder Physik. Legt man eine Eindeutigkeit zu Grunde, die tatsächlich gar nicht gegeben ist, führt das zu einem Dilemma. Ein Blick in die Vergangenheit und deren Eindeutigkeit basiert auf der Annahme einer eindeutigen Ursache-Wirkung-Kette. Aber ist die tatsächlich gegeben?

Wie das Beispiel mit der nassen Straße zeigt, kann eine Wirkung durchaus unterschiedliche Ursachen haben, aber auch eine Ursache unterschiedliche Wirkungen hervorbringen. In

8

beiden Fällen geht die Eindeutigkeit verloren und damit ist nicht nur die Zukunft, sondern auch die Vergangenheit *unbestimmt*. Wir vermuten, dass es nur eine Vergangenheit gegeben hat, wir wissen aber nicht welche! Die Physik mit ihren physikalischen Gesetzen gaukelt uns zwar eine Eindeutigkeit vor, aber ist diese Annahme nicht naiv?

Einstein bemerkte zurecht, dass man eine physikbasierte Kosmologie nur sinnvoll betreiben kann, wenn man annimmt, dass die physikalischen Gesetze immer und überall im Kosmos gültig sind. Das ist die einfache Umschreibung einer eindeutigen Physik. Dieser Aussage kann man nicht widersprechen, sie zeigt aber zwei Szenarien auf. Entweder spekuliert man auf *eherne* Naturgesetze und betreibt Kosmologie weiter wie bisher oder man muss Kosmologie neu denken, evolutionär betrachten. Einstein entschied sich für die erste Möglichkeit, für eine Eindeutigkeit der Physik, ich persönlich tendiere eher zur zweiten Möglichkeit, einer evolutionären Betrachtungsweise, gegen den derzeitigen Trend der Kosmologie.

Eindeutig ist das, was wir für eindeutig halten!

Verallgemeinern, Vereinfachen und Extrapolieren sind drei Vorgehensweisen, die nur mit äußerster Vorsicht verwendet werden sollten. Ein altes Paradox lautet: *Epimedes, der Kreter sagt: Alle Kreter sind Lügner.* Für dieses Paradox gibt es nur eine einzige Erklärung, das Wort *Alle*, eine ungerechtfertigte Verallgemeinerung. Das hat weitreichende Folgen! Achtung! Paradoxien sind keine Laune der Natur, sondern die Folge ungerechtfertigter Annahmen und wahrscheinlich die einzige Möglichkeit, solche Annahmen zu erkennen. Einsteins Verallgemeinerung erzwingt eine Eindeutigkeit und ist eine Annahme, für die es keinen empirischen Nachweis gibt.

Bei dem großen Physiker Niels Bohr habe ich mal gelesen: *Verstehen heißt Vereinfachen!* Diese Aussage hat mich fasziniert, bis mir die Paradoxie dieser Aussage bewusstwurde. Wenn wir beispielsweise die Welt vereinfachen, verstehen wir tatsächlich *nicht* die Welt, sondern nur die Vereinfachung. Diese Vereinfachung ist *keine* Erkenntnis, sondern eine Spekulation. Es ist wichtig, das zu erkennen! Etwas verstanden zu haben und glauben, etwas verstanden zu haben sind zwei unterschiedliche Sachverhalte.

Auch unsere Sprachen sind Vereinfachungen und zu diesen Sprachen gehören auch die Mathematik und die Physik. Um eine Vereinfachung kann es sich auch handeln, wenn eine Größe als konstant erachtet wird, nur weil man sie nicht genauer messen oder auflösen kann. Elektromagnetische Wellen lassen sich beispielsweise als periodische Zustandsänderungen mit einer konstanten Frequenz verstehen, nur in welchem Rahmen ist diese Frequenz konstant? Warum sollten sich überhaupt Zustandsänderungen im Vakuum ausbreiten? Eine mögliche Antwort dafür ist *Raum*, aber was ist Raum? Raum muss etwas sein, was wir nicht auflösen können!

Wenn wir etwas nicht auflösen können, sind wir auf Spekulationen angewiesen und das macht die Sache spannend. Unsere Erfahrung lehrt uns, dass es Raum geben muss, aber wir wissen nicht, was es ist. Wir vermuten, dass das an unserem begrenzten Auflösungsvermögen liegt, aber was begrenzt unser Auflösungsvermögen? Das ist die eigentlich spannende Frage, auf die wir eine Antwort finden wollen! Wenn wir etwas nicht wahrnehmen können, ist es dann nicht existent oder ist es dann nur nicht auflösbar?

Wenn wir die zwei Seiten einer Gleichung betrachten, sind dann beide Seiten tatsächlich gleich oder ist der Unterschied für uns nur nicht auflösbar? Wenn wir eine Kreisfläche berechnen ($F = \pi \cdot r^2$), wissen wir, dass π keinen eindeutigen Wert, sondern unendlich viele Stellen nach dem Komma hat. Ich habe mir mal 10 Stellen gemerkt: $\pi = 3{,}1415926535\ldots$ Wir benutzen gewöhnlich nur so viele Stellen, damit das Ergebnis *gut genug* ist, genauso gut wie beispielsweise die Angabe des Radius. *Gut genug* heißt letztlich, dass wir den Unterschied nicht mehr auflösen können. Ist eine Eindeutigkeit oder Perfektion letztlich nur eine Chimäre?

Die vielen Fragezeichen in diesem 1. Teil sind bereits ein Hinweis darauf, wie schwer sich Wissenschaft und Forschung mit diesen Fragen tun. Nicht umsonst bemerkte Einstein einmal: *Wenn wir wüssten, was wir tun, würden wir es nicht Forschung nennen!*

Eindeutig ist das, was wir für eindeutig halten!

Die spannende Frage ist nun, ob es Hinweise darauf gibt, wo sich die Grenzen unserer wissenschaftlichen Erkenntnis befinden, nicht die Grenzen von heute oder morgen, sondern prinzipielle Grenzen. Das ist die eigentliche Frage, die mich schon immer beschäftigt hat.

11

Teil 2

Ernst Haeckel spricht in seinem Buch *Die Welträtsel* von Spekulation und Empirie und davon, dass Spekulationen ohne Empirie wissenschaftlich sinnlos sind. Ich beschränke mich hier nur auf wissenschaftlich sinnvolle Annahmen und Spekulationen. Eherne Naturkonstanten, Gott oder ein Jenseits gehören nicht dazu, weil wir nicht einmal die Grenzen des Universums erahnen können. Das James Webb Teleskop wird vermutlich nicht den *Anfang des Universums* zeigen können, weil man so etwas gar nicht zeigen kann. Unsere Sinne sind dafür trainiert, Veränderungen in Raum und Zeit wahrzunehmen und nicht deren *Nicht-Existenz*. Unsere Sinne und unser Verstand haben sich entwickelt, um unsere Beobachtungen einzuordnen und zu bewerten, aber im *Nichts* gibt es nicht einmal **Beobachtung**!

Irgendwo zwischen Spekulation und empirischen Nachweis muss die in der Wissenschaft häufig zitierte *gesicherte Erkenntnis* liegen, denn von einer gesicherten Erkenntnis spricht man eigentlich nur, wenn Indizien vorliegen, aber kein experimenteller Beweis. Aber was kann einen experimentellen Beweis verhindern?

Vor einigen Jahren habe ich ein Gedankenexperiment entwickelt, das wir gemeinsam überlegen können: Was wäre, wenn die Informationsgeschwindigkeit unendlich wäre, wenn alle Informationen gleichzeitig überall wären? Das bedeutet ja, dass es keinen Unterschied zwischen hier und dort und keinen Unterschied zwischen jetzt und später gibt! Das sind aber gerade die Merkmale von Raum (hier und dort) und Zeit (jetzt und später). Was hätte das für Folgen?

Bei einer unendlichen Informationsgeschwindigkeit wären tatsächlich Raum und Zeit gar nicht definiert! Das ist bereits eine wesentliche Erkenntnis. Raum und Zeit sind abhängig von *endlichen* Informationsgeschwindigkeiten. Wie kann man das verstehen? Was macht eine Informationsgeschwindigkeit endlich? Eine Antwort, die uns aus der Physik geläufig ist, ist *Trägheit*. Was macht eine Information träge? Meiner Meinung nach kann das nur der Inhalt der Information sein, der Informationsgehalt. Dieser Inhalt ist aber das Charakteristikum einer jeden Information, ohne Inhalt wäre eine Information keine Information.

Man kann daher annehmen, dass der Inhalt, die Trägheit für die endliche Geschwindigkeit der Information verantwortlich ist. In der Physik assoziieren wir Trägheit gewöhnlich mit Masse und somit müsste der Inhalt einer Information eine Masse repräsentieren. Das heißt aber auch, dass Masse für Raum und Zeit verantwortlich zu sein scheint. Raum und Zeit sind demnach nicht unabhängig voneinander, wie es ein Dualismus vermuten ließe, sondern irgendwie miteinander gekoppelt, wie es ein Monismus erwarten lässt.

Dieses Gedankenexperiment zeigt gleich zwei Probleme auf, die in der Physik gerne vernachlässigt werden, zum einen die Existenz einer endlichen Informationsgeschwindigkeit und zum anderen die Unklarheiten beim Begriff der Masse. Versuchen wir zunächst einmal die Folgen einer endlichen Informationsgeschwindigkeit zu verstehen.

Eine endliche Informationsgeschwindigkeit ist auch für eine endliche Kausalgeschwindigkeit verantwortlich und damit auch für verzögerte Wirkungen. Das hat neben einer Asymmetrie auch zur Folge, dass das manchmal zitierte Prinzip von Druck gleich Gegendruck seine Gültigkeit verliert. Wenn man jedoch Druck und Gegendruck als Merkmale einer Kommunikation betrachtet, dann sollte man sich mit der Frage beschäftigen, was eine Kommunikation ausmacht und wie diese vonstatten geht.

Mir fallen dazu zwei Möglichkeiten ein, entweder ich erzähle eine Geschichte, auch für mehrere Personen, oder ich küsse einen Menschen, zeitgleich nur einen Einzigen. Fällt ihnen dabei die Ähnlichkeit zum Welle-Teilchen-Dualismus auf? Der Kuss repräsentiert ein Teilchen, die Erzählung repräsentiert eine Welle. Der Kuss ist gewissermaßen ein *Quant*, die Erzählung nicht. Bleiben wir zunächst bei der Erzählung mit mehreren Zuhörern. Versteht eigentlich jeder das Gleiche und alle das, was der Erzähler sagen möchte? Nein! Um es physikalisch auszudrücken, wird bei jedem einzelnen Zuhörer eine Wirkung erzeugt, die von seinem persönlichen Auflösungsvermögen bestimmt wird.

Und was bestimmt dieses persönliche Auflösungsvermögen? Vieles! Z.B. der vorhandene Informationsspeicher, die Historie und die Erfahrungen und deren Umsetzung (Intelligenz), die Sozialisation, etc. Wenn ich selbst einen Vortrag höre, also als Empfänger, dann kann ich nur den Teil der Sendung (des Senders) empfangen, der mir persönlich *zugänglich* ist! Ich habe tatsächlich keine Ahnung, was der Sender alles sendet! Mit anderen Worten ist die Ursache-Wirkung-Kette alles andere als eindeutig! Aber genau diese Eindeutigkeit ist die Grundlage der Physik, wenn über Vergangenheits- und Zukunftsszenarien spekuliert wird. Heutige Verhältnisse werden sowohl in die Zukunft als auch in die Vergangenheit extrapo-

14

liert, obwohl wir wissen sollten, dass Extrapolationen eine unzulässige Vereinfachung darstellen.

Es spricht nichts dagegen, dass zwischenmenschliche Kommunikation auf allgemeinen Kommunikationsprinzipien aufbaut, die wir im Universum wiederfinden können. Die Planeten im Sonnensystem empfangen alle unterschiedliche Signale von der Sonne, abhängig von ihrem jeweiligen Standort und auch die Sonnenstrahlung selbst ist alles andere als homogen. Wann Ereignisse auf der Sonne von den einzelnen Planeten empfangen werden, hängt einerseits vom Abstand und andererseits von der Übertragungsgeschwindigkeit ab.

Es gibt viele unterschiedliche Geschwindigkeiten, ganz allgemein ist Geschwindigkeit Irgendetwas pro Zeit. Zunächst denken wir natürlich an Entfernung pro Zeit, beispielsweise Kilometer pro Stunde, aber es gibt auch eine Fertigungsgeschwindigkeit in Teile pro Minute und viele andere. Das Gemeinsame ist immer eine Zeitangabe im Nenner. Aber damit nicht genug. Vergleichen sie mal eine Teilchengeschwindigkeit mit einer Ausbreitungsgeschwindigkeit. Beide werden zwar ähnlich dimensioniert (m/s), sind aber unterschiedlich, die eine linear, die andere räumlich. Was physikalisch-mathematisch gleich aussieht, scheint doch etwas völlig anderes zu sein.

Auch wenn das zunächst nach Haarspalterei klingt, erkennt man hier eine möglicherweise unzulässige Verallgemeinerung oder Vereinfachung. Vielleicht ähnelt eine Ausbreitungsgeschwindigkeit mehr einer Frequenz als einer Teilchengeschwindigkeit? Ich weiß die Antwort nicht, aber die Frage muss erlaubt sein! Was in der Schulphysik so einfach aussieht, ist möglicherweise gar nicht so einfach.

Einstein postulierte für das Universum eine Konstante, die Lichtgeschwindigkeit im Vakuum als größtmögliche Informationsgeschwindigkeit, aber dahinter stehen etliche Fragezeichen. Was ist eigentlich Vakuum? Ursprünglich bedeutete Vakuum so etwas wie luftleer, aber das beeinflusst nicht den Raum, in dem sich die Luft vorher befand. Wir stellen Raum als Koordinatensystem dar, aber das ist eine Darstellung und keine Vorstellung. Ähnlich stellen wir Zeit als das Rieseln einer Sanduhr dar, aber auch das ist nur eine Darstellung. Letztlich wissen wir gar nicht, was Raum und Zeit überhaupt sind, aber wir akzeptieren eine universelle Vakuumlichtgeschwindigkeit als gesicherte Erkenntnis, obwohl wir diese *am Ende des Universums* gar nicht messen können und somit auch diese *gesicherte Erkenntnis* nicht verifizieren können!

Man sollte daher den Begriff *gesicherte Erkenntnis* besser als *gesicherte Spekulation* bezeichnen, um von vorneherein Missverständnisse zu vermeiden. Erkenntnis bedeutet ja, dass man etwas verstanden hat, aber was wir tatsächlich verstehen ist eben nicht die Wirklichkeit, sondern nur die Vereinfachung. Ich könnte den Vortrag an diesem Punkt beenden mit der Feststellung, dass eine endliche Informations- oder Kausalgeschwindigkeit einer vollständigen Erkenntnis entgegensteht.

Eine endliche Informationsgeschwindigkeit schließt eine Gleichzeitigkeit grundsätzlich aus, erlaubt aber eine Pseudo-Gleichzeitigkeit, die evtl. *gut genug* ist, wenn die betrachteten Distanzen relativ klein sind in Bezug zur Informationsgeschwindigkeit. Die erdnahe Lichtgeschwindigkeit beträgt 300.000 km/s, der Erdumfang nur ca. 40.000 km. Im Vergleich zu kosmischen Dimensionen herrscht auf der Erde somit fast Gleichzeitigkeit!

16

Zunächst möchte ich aber mit der Betrachtung von Masse die Konfusion noch verstärken, bevor ich dann im 3. Teil versuchen werde, diese Konfusion zu kanalisieren. Wir haben gesehen, dass endliche Informationsgeschwindigkeiten aus einer Trägheit der Informationen resultieren. Wir benutzen auch immer wieder den Begriff der *trägen Masse* und assoziieren damit die zwei Begriffe Trägheit und Masse. Nebenher sprechen wir aber auch noch von *schwerer Masse*, die auf der gravitativen Anziehung beruht.

Eine Erklärung für die unterschiedlichen Massen oder Kräfte könnte ein Informationsmodell bieten. Ursache der Trägheit wäre dann der Informationsinhalt oder Informationsgehalt. Ursache der Affinität wäre dann der **Wunsch** oder das **Verlangen** der Informationen, sich auszutauschen. Mir persönlich kam keine andere Erklärung sinnvoll vor, aber Begriffe wie Wunsch oder Verlangen sind in der Physik eigentlich ungebräuchlich und eher dem Leben zuzuordnen. Aber ohne den *Wunsch*, sich auszutauschen, ist Affinität oder Massenanziehung logisch für mich nicht nachvollziehbar. Massenanziehung lässt sich aber empirisch nachweisen. In diesem Fall haben wir einen empirischen Nachweis und müssen die Ursache spekulieren! Jede plausible Spekulation ist willkommen.

Nach Newtons Gravitationsgesetz ist die *schwere Masse* multiplikativ, Trägheit erscheint hingegen additiv. Masse besitzt demnach zwei völlig unterschiedliche Eigenschaften, die auch mathematisch anders behandelt werden müssen. In einer Physik der toten Materie ist die Affinität, die Massenanziehung nicht zu vermitteln. Man kann aber spekulieren, dass die Affinität mit Raum verknüpft sein könnte und die Trägheit mit Zeit. Zwei Entitäten könnten sich nicht anziehen, wenn sie nicht räumlich getrennt wären und eine Verzögerung dieser Anziehung ist ohne einen Zeitbegriff undenkbar.

Wir beschreiben aus unseren Erfahrungen und Beobachtungen heraus die Welt als eine Funktion von Raum und Zeit. Das ist letztlich eine Gleichung mit zwei Unbekannten, die wir nur lösen können, wenn uns eine Verknüpfung von Raum und Zeit bekannt wäre, ansonsten müssen wir mit Randbedingungen vorlieb nehmen, die wir aber infolge endlicher Kausalgeschwindigkeiten nur im erdnahen Umfeld verifizieren können.

Wir können zwar vermuten, dass Raum und Zeit eine Art Symbiose bilden, ohne jedoch die genaue Verknüpfung zu kennen. Immerhin ist das ein Ansatz, der einem scharfen Dualismus widerspricht. Raum und Zeit ließen sich somit als die beiden Seiten derselben Medaille interpretieren. Warum ist uns diese Medaille so rätselhaft? Die einzige Erklärung, die mir dazu einfällt, ist die Tatsache, dass wir diese Medaille nicht und niemals insgesamt wahrnehmen können. Was wir sehen können, ist ein *unvollständiger* Ausschnitt unseres Universums.

Dazu eine einfache Frage: Was weiß eine Eintagsfliege über die Jahreszeiten?

Teil 3

Diese Unvollständigkeit müssen wir folglich näher beleuchten und da geht kein Weg an Kurt Gödel und seinem 1931 formulierten Unvollständigkeitstheorem vorbei. Mit einfachen Worten besagt es, dass unsere mathematische Logik auf vollständige Systeme beschränkt ist und bei unvollständigen Arrangements nicht anwendbar ist. Physiker umgehen diese Klippe, indem sie sich ausschließlich mit Systemen befassen, die per Definition vollständig sind. Aber können wir das guten Gewissens von unserem Universum behaupten?

Zwei Punkte sind wichtig: Der Begriff *unendlich* repräsentiert Unvollständigkeit (1) und bei unserem Universum fehlt uns der Nachweis der Vollständigkeit (2), uns fehlt sowohl ein räumlicher als auch ein zeitlicher Rahmen. Unser Universum ist somit kein *physikalisches System!* Bei unserem Universum versagt demnach unsere Logik und somit auch eine logische Verknüpfung von Raum und Zeit. Ein anderes Beispiel sind Zahlen, Arithmetik und unendlich. Bei unendlich versagt die normale Logik der Arithmetik. Beim Zufall versagt die Logik der eindeutigen Kausalkette.

Mathematiker wollen es mathematisch erklären und beweisen, so auch Kurt Gödel, aber unendlich und unvollständig sind im Grunde genommen keine mathematischen Begriffe. Der Begriff *Logik* lässt sich allerdings am besten mathematisch darstellen, Mathematik wird deshalb auch gerne als logische Sprache betrachtet. Aber Sprachen sind von Menschen gemacht, auch die Mathematik. Logik ist *keine* Folge der Mathematik, sondern eine (manchmal) hilfreiche Erfindung der Menschen. Der Zufall entbehrt jeder Logik!

Aber genau diese Sprache ist nach Gödel für unser Universum nicht geeignet. Mathematisch gesprochen ist unser Universum für uns nicht *abzählbar*, physikalisch betrachtet ist unser Universum kein System. Wir sind unfähig, unser Universum als Ganzes zu betrachten. Dazu wäre ein (unmöglicher) Blick von außen notwendig, gewissermaßen aus dem Jenseits, ein Blick, der beispielsweise einem Gott zugestanden wird. Dieses Jenseits widerspricht allerdings dem Begriff des *Universums*, wie ich ihn verwende. Das Universum repräsentiert ein *Alles* und da ist kein Platz für ein Jenseits, für das es auch keinen empirischen Nachweis geben kann.

In der Nähe dieses *Außenblicks* liegt die Grenze zwischen dem, was wir möglicherweise wissen könnten und dem, was wir *nicht* wissen können. Wir sind ein Teil des Ganzen und schon Aristoteles bekannte, dass das Ganze *mehr* ist als die Summe seiner Teile und dieses *mehr* wird uns immer verschlossen sein. Wir können uns nicht einmal das *Nichts* vorstellen. Gewöhnlich beschreiben wir unsere Beobachtungen, aber im Nichts gibt es nicht einmal Beobachtung. Wir dürfen daher auch nicht das Nichts mit dem nicht Wahrnehmbaren verwechseln.

Unsere Wahrnehmung ist im wesentlichen elektromagnetischer Natur, unsere Synapsen werden durch elektromagnetische Signale befeuert, unsere Augen werden durch Licht angeregt. Elektromagnetische Signale können wir künstlich erzeugen, abschirmen und sogar vernichten, aber wir können nur Signale wahrnehmen, die eine ausreichende Wirkung hervorrufen.

Wenn man das Größenverhältnis von Elektromagnetismus zu Gravitation von mehr als 30 Zehnerpotenzen berücksichtigt, dann wird verständlich, dass für unser elektromagnetisch gesteuertes Wahrnehmungssystem Gravitation wahrscheinlich nicht primär auflösbar sein wird. Wir werden auf Indizien und Spekulationen angewiesen sein und weniger Empirie verfügbar haben. Da ist besondere Vorsicht vonnöten.

Eine mit dem Informationsgehalt zunehmende Trägheit erschwert zudem die Wahrnehmung extrem großer Frequenzen. Einerseits vergrößert ein wachsender Informationsspeicher das Intelligenzvermögen, dagegen verringert er mit zunehmender Trägheit die Sensibilität für extreme Frequenzen. Dem Wunsch nach Verstehen steht somit ein verringertes Auflösungsvermögen entgegen, also eine eingeschränkte Wahrnehmung. Die Trägheit des Elektromagnetismus verhindert somit die primäre Wahrnehmung der Gravitation!

An diesem Punkt eröffnet sich eine prinzipielle Diskrepanz zwischen zwei Wünschen, einerseits dem Wunsch nach mehr Verstehen und andererseits dem Wunsch nach mehr Wahrnehmung. Beides lässt sich leider nicht gleichzeitig bewerkstelligen!

Das macht Physik und Mathematik nicht unnütz, es zeigt nur deren Grenzen auf. Die entscheidende Frage ist, wie wir mit Spekulation und vor allem Empirie umgehen. Wann betrachten wir eine Spekulation als bestätigt oder als gesicherte Erkenntnis? Wieviel Naivität ist erlaubt oder welchen Wert messen wir dem Zufall bei? Bei dieser Frage habe ich meine ganz persönliche Vorstellung, mit der sicher nicht alle übereinstimmen, die ich aber kurz vorstellen möchte.

Evolution ist Leben ist Zufall

Zufall ist nicht das Gegenteil von Ordnung oder Perfektion, sondern das Komplementär. Perfektion und Ordnung lassen sich mit Algorithmen beschreiben, der Zufall nicht. *Evolution und Perfektion schließen sich gegenseitig aus!* Evolution ist ein Gemenge aus Ordnung und Zufall, aus Ordnung und zufälligen Fehlern oder Ausnahmen. Fehler und Ausnahmen sind zufällig, wenn es dafür keine bekannten Regeln gibt. Ohne diese Zufälle gäbe es keine Weiterentwicklung, keine Evolution.

Leben ließe sich somit als *Umgang mit Zufällen* beschreiben und die Evolutionsgeschwindigkeit wäre somit abhängig von der Anzahl der Zufälle pro Zeiteinheit. Wenige Zufälle erzeugen eine geringe Evolutionsgeschwindigkeit, mehr Zufälle oder Fehler vergrößern diese. Da andererseits Komplexität die Fehleranfälligkeit vergrößert, ergibt das eine interessante Schlussfolgerung. Da man Evolution auch als Entwicklung vom Einfachen zum Komplexen betrachtet, müssten im Laufe der Evolution auch immer höhere Evolutionsgeschwindigkeiten entstehen.

Schon Friedrich Cramer bemerkte in seinem Buch *Der Zeitbaum*, dass die kulturelle Evolution ca. eine Million Mal schneller ist als die biologische Evolution. Das lässt aber den Schluss zu, dass einfachere Evolutionsformen als die biologische Evolution entsprechend langsamer sein sollten, so langsam, dass sie sich bisher unserer Wahrnehmung entziehen konnten. Langsamer als die biologische Evolution könnte eine physikalische Evolution sein und noch langsamer eine kosmische Evolution.

Evolution beschreibt also nicht nur eine Weiterentwicklung *in sich selbst*, sondern auch eine Entwicklung neuerer (emergenter) und schnellerer Evolutionsformen. Diese neueren Evolutionsformen sind folglich nicht nur zufällig, sondern auch notwendig und bedingt. Die Bedingung für ihre Emergenz ist die langsamere Evolutionsform. Die schnellere Evolutionsform kann also nicht für sich allein existieren, die beiden Evolutionsformen dürfen daher auch nicht getrennt voneinander betrachtet werden, wie es ein Dualismus vermuten ließe. Eine schnellere Evolutionsform ist somit ohne die langsameren Formen undenkbar. Das ist der Kern des Monismus, alles hängt mit allem zusammen, ganz im Sinne von Alexander von Humboldt, Charles Darwin und Ernst Haeckel.

Es gibt also nicht nur zwei Evolutionsformen, eine biologische Evolution, zuständig für den Körper und eine kulturelle Evolution, zuständig für den Geist, wie es der klassische Dualismus erwarten ließe, sondern einen ganzen Strauß von Evolutionsformen. Unser klassisches philosophisches Weltbild wurde aber gerade von diesem Dualismus von Geist und Körper oder Geist und Materie geprägt und plötzlich wird das alles Makulatur. Wir werden plötzlich mit multiplen Evolutionsformen konfrontiert, die alle miteinander zusammenhängen und aufeinander aufbauen, alle Teile einer einzigen Welt sind, die *nicht* symmetrisch ist, sondern eindeutig asymmetrisch wie die Zeit!

Das wesentliche Merkmal einer Asymmetrie ist die Tatsache, dass der Anblick der einen Seite keine Rückschlüsse auf die andere Seite erlaubt. Die Frage: *Wer oder was ist Gott?* fällt in diese Kategorie. Die Frage ist berechtigt und erlaubt, eine Antwort ist für mich persönlich eng damit verbunden, was ich wissen bzw. nicht wissen kann. Es gibt eine Grenze menschlicher Erkenntnisfähigkeit, die von einer **endlichen Informationsgeschwindigkeit** und der daraus resultierenden Asymmetrie verursacht wird, die wiederum eine Gleichzeitigkeit verhindert. Auf der Erde und vielleicht in unserem Sonnensystem lässt sich diese Gleichzeitigkeit technisch im *Nachhinein erzeugen* und für empirische Nachweise verfügbar machen. Nur mit oder in dieser Gleichzeitigkeit lassen sich Phänomene exakt vergleichen.

Bei fehlender oder mangelhafter Gleichzeitigkeit muss die Zeitabhängigkeit *spekuliert* werden, ohne empirischen Nachweis! An diesem Punkt sind unserem exakten Wissen Grenzen gesetzt, die wir auch nicht als gesicherte Erkenntnis betrachten dürfen. Wenn eine physikalische Evolution beispielsweise eine Million Mal langsamer ist als die biologische Evolution, dann kann man zwar in erster Näherung davon ausgehen, dass sich die Physik in 500 Millionen Jahren nicht sehr verändert hat, aber irgendwann werden diese Veränderungen so signifikant, dass sie nicht mehr vernachlässigt werden dürfen. Das ist die Grenze menschlicher Erkenntnis und der Thron Gottes.

Tote Materie, so wie ich sie mir vorstelle, hat keine Wünsche und kein Verlangen. An diesem Punkt bekam mein physikalisches Weltbild erste Risse. Ein weiteres Rätsel eröffnete sich mir bei Einsteins berühmter Formel $E = mc^2$. Dass eine Äquivalenz oder Proportionalität zwischen Energie und Masse besteht oder bestehen kann, ist durchaus plausibel. Da wir Energie aber nicht messen oder wahrnehmen können, könnte man den Unterschied an der Lokalisierbarkeit festmachen, Masse ist lokalisierbar, Energie nicht. Diese Lokalisierbarkeit ist eine Folge des jeweiligen Auflösungsvermögens.

Unser menschliches Auflösungsvermögen ist elektromagnetisch geprägt. Wie bereits erwähnt, versagt es bei der Gravitation, die um ca. 30 Zehnerpotenzen kleiner ist als der Elektromagnetismus. Sollten sich Gravitation und Energie in ähnlichen Größenordnungen bewegen, wäre das eine plausible Erklärung. Sollten Energien eine ähnliche Affinität besitzen wie Informationen, dann wäre die Entstehung von Masse aus Energie und deren Recycling zurück in Energie verständlich. Ob es sich bei dem Proportionalitätsfaktor in Einsteins Gleichung (c^2) tatsächlich um das Quadrat der Lichtgeschwindigkeit handelt, ist meiner Meinung nach nicht ganz nachvollziehbar und auch gar nicht empirisch nachweisbar.

Warum sollte eine elektromagnetische Ausbreitungsgeschwindigkeit als Maß einer Lokalisierbarkeit dienen? Es ist durchaus plausibel, dass das elektromagnetische Auflösungsvermögen dafür verantwortlich ist und die Tatsache, dass wir Menschen elektromagnetisch sehen, aber allein die Forderung, dass die Lichtgeschwindigkeit eine universelle Konstante ist, ist schon weit mehr als waghalsig oder optimistisch und widerspricht jedem Ansatz von Evolution oder Leben.

Wenn unser Universum lebt, dann ist dieses Leben kosmischen Zufällen geschuldet, in einem Zeitrahmen, der uns nur schwer zugänglich sein wird. Für unsere Recherchen sind wir zumindest in erster Näherung auf ein gewisses Maß von Gleichzeitigkeit angewiesen, Empirie erfordert ein Hier und Jetzt. Schon wenn wir Fossilien untersuchen und deren Alter bestimmen, verlassen wir den sicheren Boden der Empirie und begeben uns in einen Spekulationsraum. Die Frage ist dann nicht mehr die Exaktheit, ob die Altersbestimmung richtig oder falsch ist, sondern nur noch, ob sie *gut genug* ist.

So ist Wissenschaft, so ist Forschung. Nicht zu Unrecht sagte Einstein einmal: *Wenn wir wüssten was wir tun, würden wir es nicht Forschung nennen.* In der Forschung sind wir darauf angewiesen zu entscheiden, ob unsere Spekulationen *gut genug* sind und wie weit wir guten Gewissens extrapolieren können. Wissenschaft erfordert verlässliche Spekulationen und dieser Satz macht bereits deutlich, wie sehr wir gezwungen sind, Empirie und Spekulation zu vermischen. Dass wir Empirie und Spekulation verknüpfen müssen, wird schon bei einer Altersbestimmung mit der C_{14}-Methode deutlich, wann jedoch die Grenze der Belastbarkeit erreicht ist, ist wiederum unserer Spekulation überlassen.

Evolution folgt scheinbar immer einer Exponentialfunktion, die aber infolge eines Ressourcenmangels irgendwann zusammenbricht. Eine Exponentialfunktion lässt sich natürlich mathematisch extrapolieren, aber nur bis zum Punkt ihres Zusammenbruchs. Der genaue Zeitpunkt des Zusammenbruchs ist zufällig, der Zusammenbruch selbst ist aber notwendig! *Zufall und Notwendigkeit* (J. Monod). Eine Linearität ist für unser Denken zwar bequem, aber in der Welt leider nicht realistisch. Man kann zwar eine Exponentialfunktion phasenweise durch Linearitäten assimilieren, aber nur dann, wenn der Exponent bekannt und einigermaßen konstant ist.

Mathematisch gesehen ist Leben durch einen variablen Exponenten gekennzeichnet, der zudem zufälligen Schwankungen unterliegt. Genau diese Zufälle machen einen Blick in die Zukunft, aber auch in die ferne Vergangenheit unmöglich. Leben ist nicht linear und auch nicht das Universum. Jeder lineare Ansatz, wie beispielsweise beim Urknall-Modell, ist daher jenseits jeder Realität.

Ein interessanter Ansatz ergibt sich, wenn man ein Recycling von Masse in Energie in Betracht zieht, dann müssten auch Raum und Zeit recycelt werden können und damit wäre jedwede Extrapolation über einen Anfang des Universums hinfällig (s. G. Hiller: *Die recycelte Zeit*). Dieses Recycling sollte infolge endlicher Kausalgeschwindigkeiten allerdings regional variieren und damit eine Homogenität des Universums ausschließen. Eine Inhomogenität des Universums oder der Physik, eine Inhomogenität der Lichtgeschwindigkeit würde alle kosmologischen Überlegungen zunichte machen.

Mein alter Professor pflegte zu sagen: *Es gibt keine dummen Fragen, es gibt nur dumme Antworten!* Eine der wesentlichen Fragen lautet: Warum gibt es die Welt oder warum gibt es Informationen? Die einzige Antwort, die der Menschheit eingefallen ist, ist **Gott**. Eine bessere Antwort kenne ich auch nicht. Gott ist *für mich* somit die Antwort auf Fragen, für die ich keine Antwort weiß oder besser nicht wissen kann! Diese Unterscheidung ist wesentlich. Wenn ich eine Antwort nicht wissen kann, ist es folglich nicht seriös, eine Antwort zu geben. In diese Falle möchte ich nicht tappen und betrachte mich selbst als Agnostiker, nicht als Atheisten! Wenn mich jemand fragt, ob ich Atheist sei, antworte ich deshalb mit einer Gegenfrage: Wer oder was ist Theo?

Wenn man anfängt, virtuelle Spekulationen mit realer Empirie zu vermischen, verschwimmt sehr schnell die Grenze zwischen beiden und irgendwann einmal kann man beides nicht mehr unterscheiden. Dann ist man in einem Glauben gefangen, dem man nur noch durch ein **Reset** entkommen kann.

Zum Abschluss noch eine kleine Geschichte oder Spekulation in die Zukunft.

Wenn sich in vielleicht 50 Millionen Jahren unsere Erde wieder von uns Menschen erholt hat und sich eine neue intelligente Spezies entwickelt haben sollte, nennen wir sie die *Gaianer*, werden diese auch die Erde untersuchen und in ca. 500 Metern Tiefe diverse Betonwüsten vorfinden. Diese ordnen sie dann nach langen Untersuchungen als Städte vergangener menschlicher Zivilisationen ein und bei einer Unterhaltung wird ein Gaianer fragen: Was haben sich die Menschen bloß dabei gedacht? Und nach langem Überlegen wird ein anderer intelligenter Gaianer vielleicht antworten: Sie haben nicht gedacht, sie haben geglaubt!

Komplementarität

Beim Lesen von Ernst Haeckels Werk *Die Welträtsel* von 1899 wurde ich mit seiner Vorstellung von *Monismus* konfrontiert und erinnerte mich an meine Gedanken über Bedingtheit am Ende meines Essays *Komplementarität und Symbiose.* Erst da bemerkte ich vollends, dass die übliche Beschreibung oder Definition von Komplementarität nicht vollständig ist.

Zwei Eigenschaften werden gemeinhin als komplementär bezeichnet, wenn sich die eine nicht durch die andere beschreiben lässt, wenn beide nicht gleichzeitig in Betracht gezogen werden können und wenn sich beide ergänzen. Was bei dieser Betrachtung unberücksichtigt bleibt, ist der Fakt, dass sich beide auch gegenseitig bedingen, da die eine Eigenschaft ohne die andere gar nicht vorstellbar ist!

Diese Vorstellbarkeit und Bedingtheit sind wohl nicht beweisbar und überprüfbar, aber unsere Vorstellung der Welt und unser Denken basieren auf dieser Bedingtheit. Die fundamentalste Komplementarität ist wohl die Komplementarität von Raum und Zeit, für die all die oben genannten Kriterien zutreffend sind.

Diese gegenseitige Bedingtheit und scheinbare Untrennbarkeit verwandeln den bisher geläufigen Dualismus in einen Monismus, ohne dass uns ein beschreibbarer Zusammenhang zwischen Raum und Zeit bekannt sein muss. Dieser Monismus beruht auf der Einsicht, dass die bekannten Dualismen, wie beispielsweise Raum und Zeit, Geist und Körper oder Energie und Materie untrennbar miteinander verknüpft sind.

Diese Verknüpfung ist uns allein schon auf Grund der durch endliche Kausalgeschwindigkeiten hervorgerufenen Asymmetrien des Universums unzugänglich. Diese uns unbekannten Asymmetrien schließen jede Form von Extrapolationen aus. Schon die Annahme von universellen Naturkonstanten ist eher naiv als begründet. Selbst die Annahme einer konstanten *Vakuumlichtgeschwindigkeit* erscheint schon sehr ambitioniert, wenn wir nicht einmal *Vakuum* genau definieren können.

Bei der Betrachtung von Energie und Masse wird sofort deutlich, dass wir Energie gar nicht wahrnehmen oder lokalisieren können, obwohl ein Zusammenhang zwischen Energie und Masse bestehen sollte. Das brachte mich zu der Ansicht, dass die *Lokalisierbarkeit* das eigentliche Unterscheidungsmerkmal darstellen könnte. Diese Lokalisierbarkeit ist keine absolute Eigenschaft, sondern relativ, abhängig vom Auflösungsvermögen des Betrachters.

Wenn man dieses Kriterium der Lokalisierbarkeit auch auf Raum und Zeit oder Körper und Geist anwendet, kommt man zu interessanten Erkenntnissen und letztlich zu einer Differenzierung von real und virtuell. Nicht umsonst spricht man auch von Gedankengebäuden, deren Errichtung auch Energie erfordert, nur sind deren Bausteine so klein, dass wir sie nicht als Materie wahrnehmen.

Komplementarität und insbesondere die Komplementarität von Raum und Zeit ist letztlich verantwortlich für zwei wichtige wissenschaftliche Erkenntnisse des vorigen Jahrhunderts, die Heisenbergsche Unschärferelation (1927) und Gödels Unvollständigkeitstheorem (1931). Raum- und zeitbasierte Darstellungen können niemals gleichzeitig *scharf* gestellt werden, was bereits eine einfache Betrachtung von Ort und Geschwindigkeit zeigt. Für eine Geschwindigkeitsbestimmung werden immer zwei Ortsangaben benötigt.

Raum- und zeitbasierte Darstellungen können auch nicht vollständig sein, da die eine (zumindest derzeit) nicht durch die andere beschrieben oder ausgedrückt werden kann. Raum lässt sich bisher mathematisch nicht als Funktion der Zeit darstellen und Zeit nicht als Funktion des Raums. Zeit und Entfernung über eine konstante universelle Geschwindigkeit zu koppeln, entspringt eher einem Wunschdenken als klaren und eindeutig überprüfbaren Fakten.

Wie will man realistisch die Lichtgeschwindigkeit in fernen Galaxien messen? Warum verwendet man für die Erklärung galaktischer Rotverschiebungen einzig den Doppler-Effekt, der tatsächlich nur bei sogenannten *Standardkerzen* Sinn machen würde, bei Spektrallinien, die keinen anderweitigen Einflüssen ausgesetzt sein dürfen? Warum schließt man im Universum zufällige Ereignisse aus, obwohl unser ganzes Leben mehr oder weniger von Zufällen geprägt wird?

Komplementarität ist etwas völlig anderes als Gegensätzlichkeit, wie es beispielsweise das Bild von Yin und Yang zu vermitteln versucht. Wenn man den Welle-Teilchen-Dualismus des Lichts verstehen möchte, muss man sich darauf einlassen, dass ein Teilchen nicht durch eine Welle beschrieben werden kann, weil das Teilchen einen realen Charakter und die Welle einen virtuellen Charakter darstellt.

In der Physik und Mathematik ersetzen wir unbekannte Verknüpfungen durch Randbedingungen, die wir messtechnisch erfassen können, beschränken damit aber eindeutig den Gültigkeitsbereich. Letztlich begrenzen wir damit eine (mögliche) Unendlichkeit, für die die mathematische Logik nicht konzipiert ist. Mathematisch formulieren wir das so, dass unendlich immer unendlich bleibt, egal ob etwas hinzugefügt oder abgezogen wird. Aus diesem Grund werden in der Mathematik immer nur Grenzwerte gegen unendlich betrachtet und auch nur dann, wenn diese Werte konvergieren.

Im Unendlichen versagt unsere mathematische (und arithmetische) Logik und damit auch alle theoretischen

Schlussfolgerungen, die eine mathematisch fundierte Theorie auszeichnen. Eine Theorie, so wie wir den Begriff verstehen, benötigt immer einen Bezug, im Gegensatz zu einem Prinzip, das bezugsunabhängig formuliert werden kann.

Auf Grund der systeminhärenten Komplementarität von Raum und Zeit kann es daher keine Theorie von Allem (ToE) geben, man muss sich mit einem Dualismus von raumbezogener und zeitbezogener Theorie behelfen. Das erklärt die Unvereinbarkeit von Quantenphysik (raumbezogen) und Einsteins allgemeiner Relativitätstheorie (zeitbezogen). Dieser scheinbare Dualismus ist jedoch keine inhärente Eigenschaft der Welt, sondern eine Folge unserer Betrachtungsweisen.

Schon Aristoteles bemerkte vor rund 2500 Jahren, dass das Ganze mehr ist als die Summe seiner Teile. Dieses *mehr* lässt sich aber nur erahnen, wenn man das Ganze auch als Ganzes wahrnehmen und erkennen kann. Als Teil des Ganzen wird uns das wohl für immer verwehrt sein und ich empfinde es als arrogant, wenn manche Wissenschaftler behaupten, wir seien auf einem guten Weg dorthin.

Neugier ist ein herausragendes Merkmal allen Lebens und Wissenschaft ist eine vitale Kombination von (realer) Empirie und (virtueller) Spekulation und beide bedingen sich gegenseitig. Neue empirische Erkenntnisse ebnen den Weg für neue Spekulationen und neue Spekulationen machen wiederum den Weg frei für neue empirische Befunde. Erst wenn man diese gegenseitige Bedingtheit versteht, kann man auch die Philosophie des Monismus verstehen.

Information und Quanten

Bei der von mir verwendeten Nomenklatur macht der von Einstein geprägte Begriff der *Energiequanten* wenig Sinn, da ich Energie als nicht lokalisierbar erachte und Energie daher keine Quanten ausbilden sollte. Die von Max Planck eingeführte Hilfsgröße h hat die Dimension einer Wirkung, die physikalisch als Produkt von Energie und Zeit betrachtet wird. Wenn tatsächlich die Zeit gequantelt sein sollte, dann ist die Energie ein reiner Rechenwert.

Wirkung bezieht sich immer auf einen Empfänger, auf einen Rezeptor und betrachtet somit eine Verursachung und nicht den Verursacher! Diese Vorstellung hat weitreichende Konsequenzen. Wenn man die Verursachung als wahrnehmbar und messbar erachtet, dann kann man nur das betrachten, was der Empfänger wahrnehmen kann. Das muss überhaupt nicht dasselbe sein, was der Sender oder Verursacher gesendet hat. Wenn der Empfänger ein begrenztes Auflösungsvermögen besitzt, dann sind für den Empfänger alle anderen Informationen des Senders nicht empfänglich und somit verloren!

Natürlich ist die Effizienz einer Kommunikation umso besser, je weniger Informationen verloren gehen, aber das bedarf der Erarbeitung eines ausgeklügelten Protokolls und einer entsprechenden Rückkopplung. Bei Laufzeiten von etlichen Jahren bis hin zu Milliarden von Jahren erscheint das als sehr mühseliges Unterfangen. Unter Gleichen kann man allerdings erwarten, dass der andere ähnliche Signale empfängt wie man selbst. Dennoch sind Konventionen und eine intrinsische Intelligenz für eine Effizienzverbesserung unumgänglich.

Die dafür notwendige Zeit sollte dem Universum zugestanden werden und da wir keinerlei Anhaltspunkte dafür haben, wie lernfähig das Universum tatsächlich ist, sollte man mit Altersbestimmungen des Universums sehr vorsichtig sein. Der Kabarettist Volker Pispers brachte es auf den Punkt, als er einen Statistiker beschrieb, der einen Menschen beobachtete, der abends eine Suppe aß. Der Statistiker schloss daraus, dass der Mensch 365 Suppen im Jahr essen wird, weil er nicht bemerkte, wie der Mensch die Suppe später ausspie mit der Bemerkung: Nie wieder Suppe! Genauso töricht ist es, eine Eintagsfliege zu fragen, was sie von den Jahreszeiten hält.

Aber wir Menschen bilden uns ein, aus unserem fragmentarischen Wissen heraus den Werdegang des Universums zu berechnen, weil wir annehmen oder annehmen wollen, dass es im Universum keine Zufälle gibt oder nicht geben darf. Folglich müssen alle Informationen im Universum eindeutigen Regeln folgen. Ist das nicht etwas viel verlangt? Bräuchten wir dann eigentlich Intelligenz, Sinne und Verstand?

Die Vorstellung von Quanten ergibt nur einen Sinn, wenn diese Quanten für den Empfänger eine gewisse Signifikanz besitzen, also wahrnehmbar oder auflösbar sind. Mathematisch ausgedrückt, verliert sich diese Signifikanz in der Unendlichkeit. Und dann? Welche Alternativen bieten sich dann? Macht es überhaupt Sinn, darüber quantentechnisch nachzudenken? Wo ist das Ende der Quantenphysik erreicht? Diese Fragen kann die Quantenphysik selbst gar nicht beantworten, auch wenn sie noch so lange Formeln und Gleichungen produziert!

Wenn man die Quantenphysik als eigenen Kosmos betrachtet, könnte man ihre Grenzen nur bei einem Außenblick erkennen und dazu ist die Physik per se nicht imstande. Inzwischen haben wir zwar gelernt, dass Regeln erst durch Ausnahmen ihre Signifikanz erlangen und dass das Komplementär der Ordnung nicht die Unordnung oder das Chaos ist. Chaos oder Unordnung sind das Gegenteil von Ordnung und das ist etwas ganz anderes. Das Komplementär der Ordnung ist der Zufall, Ordnung ist berechenbar, der Zufall nicht!

Die Notwendigkeit des Zufalls wurde erst durch die Prinzipien der Evolution deutlich und spiegelt sich wider in der Aussage: *Evolution und Perfektion schließen sich gegenseitig aus.* So wie es keine Theorie des Zufalls geben kann, so ist auch der Begriff *Evolutionstheorie* nicht zielführend. Es gibt Prinzipien der Evolution und eines davon ist die Unvorhersehbarkeit der Zukunft und auch die Rückverfolgung der fernen Vergangenheit infolge der vielen, vielen Zufälle, die die Entwicklung geprägt haben und auch in Zukunft prägen werden.

Genau dieser Zufall macht Extrapolationen unmöglich und ist dafür verantwortlich, dass wir uns mit Randbedingungen begnügen müssen. Aber wie der Name bereits sagt, bedingen diese einen Rand, einen Rahmen, in dem die Regeln und Gesetzmäßigkeiten angewendet werden können und angewendet werden dürfen. Natürlich darf spekuliert werden, was wäre..., wenn, aber sinnvoll ist das nur, wenn auch empirische Daten für eine Überprüfbarkeit verfügbar werden.

Ohne empirische Überprüfbarkeit werden Spekulationen zu Dogmen, wird Wissenschaft zu Religion. Da hilft es nicht, dass eine Annahme richtig sein könnte und nur als Lösung gewählt wird, weil sie einfach ist. Gerade die Evolution hat uns gelehrt, dass einfache Prinzipien extrem komplexe Ausgestaltungen erfahren können. Regeln sind gewöhnlich einfach, aber die Ausnahmen sind das Salz in der Suppe. Die Komplexität des Empfängers ist ausschlaggebend für die Komplexität der empfangenen Signale, aber andererseits ist ein komplexer Empfänger auch nur notwendig, wenn die Signale oder Informationen entsprechend komplex sind.

Da die empfangenen Signale nicht notwendigerweise von einem einzelnen Sender stammen müssen, ist es sinnvoll, ganz allgemein von Sendung oder Informationen zu sprechen. Das hebt den Empfang in eine neue Dimension, da nicht nur die Informationen selbst relevant sind, sondern auch deren Ursprung oder Urheber. Das erklärt die allseits bekannte Entwicklung vom Einfachen zum Komplexen, die noch durch jedes einzelne zufällige Ereignis verstärkt wird, besonders dann, wenn diese zufälligen Ereignisse Vorteile mit sich bringen und sich dadurch neue Mutationen herausbilden können.

Diese Betrachtungsweise macht deutlich, wie wichtig Informationen für ein Verständnis unserer Welt sein können, denn Informationen machen nur einen Sinn, wenn sie auch eine Wirkung erzeugen und da kommt eine ganz andere Überlegung ins Spiel. Informationen müssen nicht nur empfangen werden, sondern auch in irgendeiner Form verarbeitet werden und das ist nicht so trivial wie es auf den ersten Blick erscheinen mag.

Letztlich muss ein Empfänger eine Information irgendwie analysieren und dafür ist eine grundlegende rudimentäre *Intelligenz* erforderlich! Das ist aber unvereinbar mit der Vorstellung von Physik als Wissenschaft der toten Materie. Schon die Tatsache, dass eine Ursache verschiedene Wirkungen haben kann, ist mit toter Materie kaum nachvollziehbar. Tote Materie ist in Maßen bequem, aber wann ist Schluss mit dieser Bequemlichkeit? Wann werden die Paradoxien so übermächtig, dass sich diese einfache Vorstellung nicht mehr länger halten lässt?

Da stellt sich natürlich sofort die Frage nach dem Wesen von Intelligenz. Zuvor muss allerdings noch der grundlegende Unterschied zwischen Energie und Wirkung analysiert werden.

Energie und Wirkung

Bei dem Versuch, die Strahlung eines schwarzen Körpers mathematisch auszudrücken, musste Max Planck eine Hilfsgröße (h) einführen, die nur in ganzzahligen Vielfachen auftreten konnte. Diese Hilfsgröße h hatte die Dimension einer Wirkung und wurde deshalb auch als Plancksches Wirkungsquantum bezeichnet. Eine Wirkung lässt sich tatsächlich wahrnehmen und beobachten und aus dieser Wirkung lässt sich physikalisch eine Energie ableiten nach der allseits bekannten Formel $E = h \cdot \nu$, in der E die Energie darstellt, ν die Frequenz und h das Plancksche Wirkungsquantum.

Aus dieser Gleichung folgerte Einstein sogenannte Energiequanten, die nach seiner Theorie für den photoelektrischen Effekt verantwortlich sind. Dafür bekam Einstein 1917 den Nobelpreis der Physik, der aber wegen des 1. Weltkriegs erst später verliehen wurde. Aber ist das tatsächlich gerechtfertigt?

Wenn man in dieser Gleichung die Frequenz (ν) durch ihren Kehrwert, die Zeit (t) ersetzt ($\nu = 1 / t$), dann liest sich die Gleichung als $E \cdot t = h$. Da die rechte Seite gequantelt ist, muss folglich auch die linke Seite gequantelt sein. Aber was ist auf der linken Seite gequantelt, die Energie E oder die Zeit t, das ist die große Frage.

Als Hilfestellung kann uns die Wahrnehmung oder Messtechnik dienen. Was können wir wahrnehmen, Energie, Zeit oder beides? Ich persönlich glaube, es ist nur die Zeit. Demnach wären tatsächlich Zeit und Wirkung gequantelt und wahrnehmbar und die Energie ein reiner Rechenwert!

Das ist ein fundamental entscheidender Punkt! Wenn sie eine Stromrechnung bekommen, bezahlen sie nicht eine Energie in kW, sondern eine Leistung oder Wirkung in kWh. Wenn ihr Fernseher beispielsweise 1500 W hat, dann ist das belanglos, so lange er nicht eingeschaltet ist. Der Verbrauch, die Wirkung ist benutzerabhängig!

Was wäre, wenn der Versorger jeweils 1000 W, 2000W oder 3000 W zur Verfügung stellen würde? Im ersten Fall würde der Fernseher nicht funktionieren und im zweiten und dritten Fall würde er nur 1500 W pro Zeiteinheit abnehmen. Der entscheidende Punkt ist somit, ob der Versorger mehr oder weniger als 1500 W zur Verfügung stellt. Als Verbraucher, als Beobachter können sie folglich nur wahrnehmen, ob der Versorger mehr oder weniger als 1500 W bereitstellt, nicht aber, wie viel.

Eine Energiebetrachtung ist infolgedessen eindeutig. Bei eingeschaltetem Fernseher gehen tatsächlich 1500 W pro Zeiteinheit vom Versorger zum Verbraucher, sowohl die Abgabe des Versorgers als auch die Aufnahme des Verbrauchers sind festgelegt.

Bei einer Betrachtung der Wirkung fehlt dagegen diese Eindeutigkeit. Wenn der Fernseher läuft, weiß der Verbraucher lediglich, dass der Versorger mehr als 1500 W pro Zeiteinheit bereitstellt, aber nicht, wie viel. Der entscheidende Unterschied ist die Eindeutigkeit! Das lässt sich auch so interpretieren, dass die energetische Beschreibung symmetrisch ist, die wirkungsbezogene Beschreibung hingegen eindeutig asymmetrisch.

Für eine Physik, die auf eindeutigen Kausalketten basiert, stellt sich diese Frage gar nicht, aber ist das nicht eine brutale Vereinfachung, die nicht der Wirklichkeit entspricht?

Die entscheidende Frage ist daher, ist die Eindeutigkeit tatsächlich gegeben oder ist sie nur *gut genug?* Eine Antwort ist vermutlich abhängig vom betrachteten Zeitrahmen und von der Arroganz oder dem Glauben des Betrachters.

Am Beispiel des Versorgers und Verbrauchers gibt es nur eine eindeutige Lösung, wenn alle Verbraucher gleichzeitig bekannt wären und keine Verzögerungen existierten. Beide Forderungen sind in der Realität unerfüllbar, aber wir können uns ein quasi-abgeschlossenes System vorstellen, wo diese Forderungen erfüllt sind. Bei der Stromversorgung endet dieses System bei der Stromerzeugung, dem Kraftwerk. Diese Vorstellung ist zumindest für die meisten Aufgabenstellungen *gut genug!*

Nur eine klare Eindeutigkeit befähigt uns zu Vorhersagen und damit auch zu Theorien, denn es ist nun einmal das Ziel einer Theorie, Vorhersagen zu machen. Diese Eindeutigkeit ist aber auch das Merkmal einer jeden Symmetrie und so ist es kein Wunder, dass alle Theorien irgendwelche Symmetrien zu Grunde liegen und Theoretiker immer und immer wieder nach irgendwelchen Symmetrien suchen und gesucht haben.

Dieser Symmetriegedanke geht so weit, dass er sogar Einzug in unsere Sprachen gehalten hat, indem wir das Wort Asymmetrie für die Abwesenheit von Symmetrie verwenden. Ein gutes Beispiel für die Suche nach Symmetrien ist die berühmt-berüchtigte String-Theorie, die nach verborgenen Symmetrien in der x. Dimension gesucht hat. Andere Beispiele sind die Forderung ewiger Naturgesetze oder aber Energiequanten!

Natürlich haben Symmetrien Vorteile. Wenn das Unbekannte in irgendeiner Form das Bekannte widerspiegeln würde, wäre unserer Phantasie bereits sehr geholfen. Aber genauso natürlich entspringt diese Vorstellung auch einem Wunschdenken, das uns immer weiter antreibt.

So ist es nur natürlich, dass wir von einer ultimativen Symmetrie beseelt sind, die uns irgendwann einmal die ultimative Erkenntnis beschert. Für diese ultimative Symmetrie haben wir sogar in den meisten Religionen einen Namen. Solange wir nicht beweisen können, dass es diese ultimative Symmetrie gibt, muss man beim Glauben an diese ultimative Symmetrie von Religion sprechen und nicht von Wissenschaft.

Diese ultimative Symmetrie stellt aber gleichzeitig eine ultimative Perfektion dar und wir wissen, dass sich Perfektion und Evolution gegenseitig ausschließen. Spannend ist dabei, dass diese ultimative Symmetrie auch einen ultimativen Anfang und ein ultimatives Ende haben müsste, die Evolution dann aber auch keine Evolution mehr wäre! Schade, denn gerade Evolution macht unser Leben so spannend.

Wenn man allerdings erkennen würde, dass die Lösung eines Problems immer weitere Probleme nach sich zöge, dann wäre der Traum von der ultimativen Symmetrie zunächst einmal ausgeträumt und müsste durch den Traum einer ultimativen Asymmetrie ersetzt werden. Das hat aber weitreichende Konsequenzen. Immer schnellere Lösungen erzeugen immer mehr neue Probleme, solange bis diese nicht mehr im verfügbaren Zeitrahmen lösbar sind.

Wenn das System nicht mehr in der Lage ist, diesen Prozess zu entschleunigen, kommt es zum Kollaps. Erst wenn wir Menschen das verstanden haben, können wir noch einer Katastrophe entgehen. Wir müssen Prozesse verlangsamen und uns von einem Wachstumsmodell verabschieden, denn Wachstum ist nichts anderes als eine Form von Beschleunigung. Nur benötigen wir dafür Intelligenz.

Intelligenz

Was ist eigentlich Intelligenz? Können unsere überlieferten Vorstellungen von Intelligenz dem überhaupt gerecht werden? Betrachtet man allein ein System von Regeln und Ausnahmen, kristallisieren sich bereits zwei Formen von intelligenten Verhaltensweisen heraus, zum einen das herausfinden und formulieren von Regeln (Algorithmen) und zum anderen der Umgang mit Ausnahmen, mit zufälligen Ausnahmen.

Der Zufall ist dadurch gekennzeichnet, dass es für ihn keine Regel gibt und geben kann. Es kann durchaus Ausnahmen geben, für die sich auch wieder Regeln finden lassen und die nur deshalb zufällig erscheinen, weil die zusätzlichen Regeln (noch) nicht bekannt sind. Das macht den Zufall so außergewöhnlich, weil man letztlich nicht wissen kann, ob es doch noch eine Regel gibt, die man noch nicht kennt oder einfach übersehen hat.

Diese Unwissenheit ist aber der Motor des Lernens und der Evolution und in letzter Konsequenz auch die Ursache für Religion und Glauben, die Sehnsucht nach einer finalen Gewissheit. Ich persönlich liebe die bekannte Weisheit: *Wenn die Welt nicht so ist, wie man will, dann muss man sie so wollen, wie sie ist.* Nur stellt sich dabei sofort die Frage, was man eigentlich will. Kann man überhaupt alles wissen und will man wirklich alles wissen?

Ist nicht die Neugier eine der schönsten und wichtigsten Eigenschaften, die wir aber genau dann verlieren würden, wenn wir alles wüssten? Würde das nicht jede Form von Glück zerstören? Empfinden wir unsere Welt nicht gerade deshalb als schön, weil sie überall unterschiedlich ist, weil sie gerade *nicht* vollständig berechenbar und vorhersagbar ist, weil sie spannend ist? Ist diese Spannung nicht gerade ein Privileg des Lebens? Müssen Theorien nicht irgendwie falsch sein, damit diese Spannung erhalten bleibt?

Ja, ich denke schon! Aber dafür müssen Theorien und vor allem die darin enthaltenen Annahmen irgendwann einmal überprüfbar sein. Da ist es wenig hilfreich, wenn man letztlich nicht überprüfbare Annahmen als *gesicherte Erkenntnis* tituliert, das ist Selbstbetrug oder Wunschdenken und keine Wissenschaft mehr. Theorien müssen überprüfbar sein, aber Voraussetzung dafür ist eine Eindeutigkeit von Ursache und Wirkung! Wenn eine Wirkung unterschiedliche Ursachen haben kann, wird eine Theorie automatisch fragwürdig und hat nur den Charakter einer Vermutung.

Die größte Herausforderung für Intelligenz ist der Zufall. insbesondere dann, wenn dieser Zufall statistisch kaum ins Gewicht fällt. Dann ist die Option, den Zufall zu vernachlässigen besonders naheliegend und es ist schwer, dagegen zu argumentieren. Gerade der Zufall, die Evolution, lehrt uns, dass es Perfektion gar nicht geben kann und wir uns mit einem *gut genug* zufriedengeben müssen.

Das führt für Theoretiker a priori zu einem Dilemma. Natürlich wissen Theoretiker, oder sollten es zumindest wissen, dass Theorien immer an Voraussetzungen geknüpft sind und dass sich diese Theorien automatisch ad absurdum führen, wenn diese Voraussetzungen nicht mehr gegeben sind. Bei physikalischen Gesetzen, die vor 200 Jahren in Europa erkannt wurden und heute genauso gut in Amerika gelten, kann man durchaus annehmen, dass diese auch in den nächsten 200 Jahren in Japan gelten werden. Man kann aber ganz sicherlich nicht daraus schließen, dass diese auch vor fünf Milliarden Jahren in einer fernen Galaxie gegolten haben.

Selbst wenn man Zufälle als extrem selten erachtet, können in fünf Milliarden Jahren so viele Zufälle zusammengekommen sein, dass unser Wissen über die Vergangenheit ganz sicher gestört sein kann. Das Argument, dass einem eine bessere Kenntnis verwehrt ist, ist schlichtweg fahrlässig. Zwar hat es letztlich für unser Leben keinerlei Relevanz, welche physikalischen Gesetze vor fünf Milliarden Jahren in einer fernen Galaxie gegolten haben, aber unser Anstand und unser Respekt vor dem Universum sollten uns davor behüten, sinnlosen Extrapolationen anzuhängen.

Mir sind Menschen zutiefst zuwider, die behaupten, etwas zu wissen, was man gar nicht wissen kann. Unsere Sinne, unsere Vernunft und unsere Intelligenz haben sich herausgebildet, um Veränderungen und Zufälle erkennen zu können, um eigene Urteile fällen zu können und nicht, um irgendwelchen Scharlatanen aufzusitzen, selbst wenn diese Scharlatane alle Register ihres Könnens ziehen.

Darwin hat uns gezeigt, dass wir Menschen nichts Außergewöhnliches auf dieser Welt sind, wir haben besondere Fähigkeiten, die uns die Evolution ermöglicht hat, aber auch nicht so besonders, wie es uns manche Religionen glauben machen wollen. Wir besitzen die Fähigkeit zu spekulieren und uns über unsere Spekulationen auszutauschen, aber immer mit der Maßgabe, diese Spekulationen empirisch abzusichern. Wenn wir diesen Bezug verlieren, sind alle unsere Spekulationen leeres Gewäsch.

Natürlich dürfen Spekulationen über das Ziel hinausgehen, ja, sie müssen es sogar, aber sie müssen dann immer als solche gekennzeichnet sein und nicht mit dem Attribut einer gesicherten Erkenntnis. Eine Erkenntnis ist nicht dadurch gesichert, dass sich ein großer Kreis von Experten und Fachleuten auf eine Annahme einigt oder dass diese These nicht widerlegt ist oder widerlegt werden kann. Das ist die Crux mit Aussagen, die nicht überprüft werden können, sie können nicht bestätigt, aber leider auch nicht widerlegt werden.

Letztlich besteht eine Komplementarität von Theorie und Zufall oder von Ordnung und Zufall. Diese Komplementarität von Theorie und Zufall führt aber auch zu zwei komplementären *Intelligenzformen*, eine, die für das Erkennen und Beschreiben von Ordnung verantwortlich ist und eine andere, die versucht, *außerordentliche* Ereignisse einzuordnen. Man erkennt sofort die Grauzone von unbekannter Ordnung, bei der man zunächst nicht wissen kann, ob es sich tatsächlich um Zufall oder um eine mögliche *höhere* Ordnung handelt.

Ordnung lässt sich mit Theorien beschreiben, durch Algorithmen ausdrücken, der Zufall nicht. Dabei bleibt immer die Frage offen, ob es sich tatsächlich um Zufall oder um eine bis dato unbekannte Ordnung handelt. Insofern ähnelt der Zufall unserer Gottesvorstellung. Wir können beide, Gott und den Zufall, weder beweisen noch widerlegen und wenn man sich selbst nicht festlegen möchte, ist man Agnostiker.

Es besteht allerdings ein geringfügiger Unterschied zwischen Ordnung und Theorie, weil nach unserer gängigen Lehrmeinung Theorien mathematisch fundiert formuliert sein müssen, also auf einer mathematischen Logik basieren sollen. Das führt allerdings direkt zu Kurt Gödel und seinem 1931 formulierten Unvollständigkeitstheorem.

Unvollständigkeit

Da Gödels Formulierung mathematisch sehr anspruchsvoll ist, kann ich nur einen Ansatz wählen, den ich auch selbst verstehen kann und hoffen, dass er den Kern trifft. In einer einfachen Form besagt Gödels Theorem, dass *mathematische Logik nur in einem vollständigen System anwendbar ist.*

Das erscheint für die Physik zunächst gar nicht relevant zu sein, da in der Physik Systeme gemeinhin als vollständig erachtet werden. Die Annahme einer Vollständigkeit relativiert sich allerdings bei der Betrachtung des Kosmos oder Universums. Am einfachsten versteht man Gödels Theorem bei der Betrachtung der (reellen) Zahlen. Die Unvollständigkeit wird bei diesen durch den Ausdruck unendlich (∞) repräsentiert, mit der Maßgabe, dass unendlich immer unendlich bleibt, egal ob man etwas addiert oder subtrahiert. Unsere arithmetische Logik ist somit bei unendlich nicht mehr anwendbar.

Dieses *nicht anwendbar* ist etwas völlig anderes als ein richtig oder falsch und damit fällt Unvollständigkeit in die gleiche Kategorie wie Gott oder der Zufall, ins Jenseits unserer Ratio. Da Theorien aber auf mathematischer Ratio beruhen müssen, um als Theorien anerkannt zu sein, sollte man in der Kosmologie und Astrophysik auf die Verwendung des Begriffs *Theorie* verzichten. Tatsächlich geht es hierbei gar nicht um eine fachliche oder sachliche Auseinandersetzung, sondern um Semantik!

Im alten Griechenland benutzte man dafür den Begriff der *Mythologie*, den ich auch persönlich gerne für meine Ansichten verwende. Aristoteles bemerkte bereits vor rund 2500 Jahren, dass das Ganze *mehr* ist als die Summe seiner Teile und genau dieses **mehr** ist uns Menschen unzugänglich. Dieses *mehr* ist aber letztlich ein Synonym für Unvollständigkeit, die letztlich Physik und Kosmologie trennt. In der Physik betrachten wir immer vollständige Systeme und diese Vollständigkeit erreichen wir durch einen Rahmen oder Rand, einen virtuellen Rand, für den wir sogenannte Randbedingungen vorgeben können.

Diese Randbedingungen ersetzen für den vorgegebenen Bereich die uns im allgemeinen unbekannte Beziehung zwischen Raum und Zeit. Ganz allgemein beschreiben wir die Welt als eine Funktion von Raum und Zeit. Das ist eine Gleichung mit zwei Unbekannten, die nur lösbar ist, wenn wir auf eine Beziehung zwischen Raum und Zeit zurückgreifen könnten. Das wäre aber nur möglich, wenn wir einen (unmöglichen) Außenblick auf die Welt, einen Außenblick auf die Komplementarität von Raum und Zeit hätten.

Da dieser Außenblick unmöglich ist, müssen wir uns mit Teilbereichen bescheiden, für die *überprüfbare* Randbedingungen existieren. Die Betonung liegt dabei auf überprüfbar, denn nur überprüfbare Randbedingungen machen wirklich Sinn, denn sie vermitteln eine begrenzte Vollständigkeit.

Für vollständige Systeme haben sich unsere äußeren Sinne entwickelt und für vollständige Systeme haben wir Menschen Wissenschaft entwickelt, insbesondere die Naturwissenschaften. Die Essenz von Gödels Unvollständigkeitstheorem ist letztlich der Hinweis darauf, dass unsere Logik und unsere Wissenschaften nur für vollständige Systeme anwendbar sind.

Das ist der Kernpunkt meiner Kritik an kosmologischen Theorien. Kosmologen versuchen eine Physik und Mathematik, die für vollständige Systeme entwickelt wurde, auf unvollständige Systeme anzuwenden und somit zu extrapolieren.

Gravitation

Spätestens seit Darwin wissen wir, dass der Mensch ein Produkt der Evolution ist und sich so wie alles, stetig und ständig verändert. Jede Entität, egal ob Mensch oder Kristall, verändert mit ihrer eigenen Veränderung auch ihr Umfeld und es sollte nur natürlich sein, dass Entitäten diese Veränderungen auch wahrnehmen können. Die Art der Wahrnehmung muss natürlich der Geschwindigkeit der Veränderungen, insbesondere der eigenen Veränderungen angepasst sein.

Biologische Entitäten, die sich vergleichsweise schnell verändern, benötigen eine andere Wahrnehmung als chemische Entitäten oder Elemente, die sich langsamer verändern. Wir Menschen sind mit fünf äußeren Sinnen ausgestattet, um die Veränderungen unseres Umfelds wahrnehmen zu können und mit Intelligenz und Verstand, um auf diese Veränderungen reagieren zu können.

Der Elektromagnetismus spielt bei uns Menschen eine herausragende Rolle, weil zum einen unser wichtigstes Sinnesorgan auf elektromagnetische Signale in Form von Licht reagiert und zum anderen, weil auch die interne Signalverarbeitung vornehmlich auf der Weiterleitung elektrischer Impulse basiert.

Aus der Physik (Newton) kennen wir zudem noch die Gravitation, eine Eigenschaft, die extrem viel schwächer ist als der Elektromagnetismus, so schwach, dass wir sie gar nicht direkt wahrnehmen können. Daher besitzen wir für die Wahrnehmung der Gravitation auch kein äußeres Sinnesorgan. Tatsächlich können wir mit unserem Gleichgewichtsorgan nur Bewegungen dieses Organs, das im Innenohr angesiedelt ist, in einem Gravitationsfeld registrieren.

Gravitationsfelder können wir uns als Sekundäreffekt riesiger Massen vorstellen. Die Tatsache, dass wir Gravitation nicht direkt wahrnehmen können, sondern nur durch Bewegung unseres Kopfes in einem Gravitationsfeld, legt die Vermutung nahe, dass die Gravitation ursächlich für Zeit in Form von Bewegung und Raum in Form von Gravitationsfeldern verantwortlich sein könnte.

Da sich Gravitation und Elektromagnetismus in einer Größenordnung von ca. 30 Zehnerpotenzen unterscheiden, wird sofort deutlich, dass mögliche Elemente der Gravitation niemals elektromagnetisch auflösbar sein werden. Unsere Wahrnehmung und deren Verarbeitung oder Auswertung sind dafür nicht geeignet. Man kann auch sagen, dass die Evolutionsstufe des Menschen bereits so komplex ist, dass Basiselemente nicht mehr auflösbar sind.

Das scheint ein generelles Dilemma zu sein. Wenn eine Struktur so groß und komplex ist, dass sie komplexe Zusammenhänge erkennen kann, dann ist sie infolge ihrer eigenen Trägheit nicht mehr in der Lage, sehr feine Strukturen zu erkennen. Wie lässt sich dieses Phänomen erklären?

Ein denkbarer Erklärungsversuch beruht auf dem Ansatz, sich die Elemente der Gravitation als Informationen vorzustellen. Eine reale Information muss zwei Bedingungen erfüllen, sie muss einerseits einen Inhalt haben und andererseits irgendwie übertragen oder empfangen werden. Eine Information ohne Inhalt ist genauso sinnlos wie eine Information, die im *Nichts* verpufft. Eine Information für sich allein ist somit völlig sinnlos, eine Information benötigt immer ein Umfeld.

Zwei vom Wesen her identische Informationen können sich somit nur durch unterschiedliche Aufenthaltsorte (Raum) unterscheiden und können sich nur miteinander verknüpfen (empfangen werden), wenn sie sich aufeinander zu bewegen

(Zeit). Der Raum wird also durch die Existenz von Informationen aufgespannt und Zeit durch deren Bewegung kreiert! Um den Verknüpfungsprozess zu begünstigen, wäre eine gegenseitige Affinität der Informationen vorteilhaft.

In einem vorteilhaften Umfeld hätten Informationen folglich einen Inhalt, mit dem man Trägheit oder Masse assoziieren könnte und eine gegenseitige Affinität, die nach unserem heutigen Wissen (Newton) von dem Produkt der Massen oder Trägheiten abhinge. Es ist wahrscheinlich, dass bei einer Verknüpfung von zwei Informationen eine neue Information entsteht, deren Trägheit sich aus der Summe der Einzelträgheiten ergibt.

Diese Annahme wird durch unser heutiges Wissen über das, was wir gemeinhin als Masse bezeichnen, bestätigt. Die Affinität oder Anziehung von Massen ist multiplikativ, deren Trägheiten dagegen additiv. Man erkennt sofort, dass sich Affinität (schwere Masse) und Trägheit (träge Masse) konzeptionell unterscheiden und unterschiedlichen Grundrechenarten gehorchen. Möglicherweise lässt sich bereits daraus das Wesen der Komplementarität ableiten.

Warum hat diese Überlegung bisher kaum Eingang in physikalische Lehrbücher gefunden? Die Erklärung ist ziemlich einfach. Masse ist ähnlich wie Energie ein reiner Rechenwert und tatsächlich gar nicht direkt messbar. So wie wir Energie nur durch ihre Wirkung wahrnehmen können, so können wir Masse nur durch den Aufwand ermitteln, den wir für ihre Bewegung benötigen. Wenn man wissen will, wie schwer ein Auto ist, muss man es bewegen (auch auf einer Waage wird ein Auto bewegt).

Rechenwerte sind mathematische Hilfsmittel und daher sehr beliebt, weil man sie problemlos in allen möglichen Berechnungen verwenden kann. Dadurch werden diese virtuellen

Rechenwerte schleichend zu realen Größen, die man zu verstehen glaubt. Man darf aber nie vergessen, dass sich reine Rechenwerte einer empirischen Überprüfbarkeit entziehen. Wenn wir eine Stromrechnung erhalten, wird uns nicht Energie (kW) in Rechnung gestellt, sondern die durch sie erzielte Wirkung (kWh).

Wenn wir von Masse sprechen, meinen wir zumeist das Gewicht auf der Erde, das durch die Anziehung dieser Masse durch die vergleichsweise große Erdmasse hervorgerufen wird. Wenn wir unterschiedliche Massen vergleichen, vergleichen wir tatsächlich deren Gewichte auf der Erde miteinander.

Für unser Leben auf der Erde hat es sich als vorteilhaft erwiesen, Raum als Koordinatensystem darzustellen und Zeit als das Rieseln einer Sanduhr, das durch die Dauer der Erdumdrehung skaliert wird. Beides sind aber nur jeweilige Darstellungen von Raum bzw. Zeit und vermitteln nicht das *Wesen* von Raum und Zeit. Diese Darstellungen fungieren als Randbedingungen für eine irdische Physik, genauso wie beispielsweise die von Einstein postulierte konstante Vakuumlichtgeschwindigkeit.

Das von mir vorgeschlagene Informationsmodell der Gravitation soll eigentlich nur die Grenzen unserer heutigen Physik aufzeigen. Diese hypothetischen Informationseinheiten der Gravitation, die ich auch als *Gravis* bezeichnet habe, sind von Natur aus ca. 30 Zehnerpotenzen kleiner als Photonen, die von Physikern als Überträger elektromagnetischer Informationen postuliert wurden. Damit ist praktisch ausgeschlossen, dass wir diesen *Gravis* jemals auf die Spur kommen könnten.

Wir sind auf Spekulationen und Indizienbeweise angewiesen, aber es hat den Anschein, dass die Gravitation verantwortlich sein könnte für Raum und Zeit und deren Komplementarität. Eine ganz wichtige Frage lässt sich allerdings physikalisch nicht beantworten: Warum ziehen sich Massen gegenseitig an? In der Physik lernt man das Newtonsche Gravitationsgesetz und freut sich darüber, dass es scheinbar überall Gültigkeit hat. Aber was bewegt neutrale Massen dazu, sich anzuziehen?

Eine mögliche und plausible Erklärung ergibt sich bei einer genaueren Betrachtung des Informationsmodells. Informationen, die sich vereinigen, vergrößern dadurch ihren Informationsspeicher und ein größerer Informationsspeicher verbessert das Erinnerungsvermögen und damit vermutlich auch das Intelligenzvermögen, die Fähigkeit, vorteilhaftere Entscheidungen zu treffen. Ein ganz ähnliches Verhaltensmuster haben wir Menschen auch. Wir wollen aus Fehlern lernen und benötigen dafür ein gutes Gedächtnis!

Man könnte das Belohnen von Vorteilen als Grundprinzip der Evolution bezeichnen. Wenn man Fitness als Vorteil einstuft, ergibt der Leitsatz *Survival of the fit* sofort Sinn. Wenn aber eine Vergrößerung des Informationsspeichers Vorteile bringt, dann wird sofort deutlich, dass Ordnung enorme Vorteile bietet. Während ein loser ununterscheidbarer Verbund von drei Elementen vier Informationen speichern kann, kann ein geordneter Verbund bereits acht Informationen speichern (Boolesche Algebra). Jedes weitere Element erhöht den Informationsspeicher des losen Verbunds um 1, verdoppelt jedoch den Informationsspeicher der geordneten Struktur.

In vielen Aspekten erscheint die Gravitation aus der Physik gefallen zu sein, andererseits ist sie so weit von den anderen Kräften der Physik entfernt, dass sie einen Sonderstatus einnehmen muss. Es ist durchaus denkbar, dass die Gravitation eine Art Urmedium darstellt, auf dem die eigentliche Physik aufbaut. Sollten *Gravis* eine so geringe Trägheit haben, wie es die Gravitation vernuten lässt, dann müssten *Gravis* fast unendlich schnell sein und das Universum könnte dann bezogen auf die Lichtgeschwindigkeit fast unendlich groß sein.

Diese Vorstellung widerspricht allen gängigen Modellen, macht eine Expansion des Universums zweifelhaft und würde bereits der Gravitation eine intrinsische Intelligenz zuordnen. Selbst kleinste Informationscluster besäßen dann bereits ein Bewusstsein, da sie über Informationsspeicher verfügen. Für mich persönlich ist ein lebendiges Universum mit unterschiedlichen Stufen von Intelligenz durchaus naheliegend, da sich dann höhere Intelligenz überall dort ausbilden kann, wo entsprechende Gegebenheiten vorliegen.

Derartige Konzentrationsprozesse lassen sich praktisch in allen Bereichen finden, bei Kristallen, Pflanzen oder Industrieansiedlungen, um nur einige zu nennen. Universitäten beziehen ihren Reiz nicht allein aus den Lehrveranstaltungen, sondern vor allem aus dem regen Gedankenaustausch, also einem komplexen Informationsaustausch.

Die Vorstellung ist schon faszinierend, dass wir am Stammtisch, beim Kaffeeklatsch oder auf dem Campus gar nichts wesentlich anderes machen als die Urinformationen im Universum. Vielleicht ist die Affinität der Informationen oder *Gravis* tatsächlich gar nichts anderes als unsere Liebe zum Gedankenaustausch. Diese Liebe lässt sich nicht physikalisch erklären und schon gar nicht mit toter Materie.

Vielleicht müssen wir unser Bild der Welt völlig neu denken, nicht in Form von Gesetzen, sondern in Form von Vorlieben. Wenn der Gedankenaustausch selbst wichtiger ist als das Verlangen recht zu haben, wenn das Lernen wichtiger ist als eine virtuelle unveränderliche und damit völlig sinnlose Wahrheit, dann werden Dogmen, Doktrinen oder Machtgelüste zu dem, was sie eigentlich sind, zur Farce.

Monismus und Dualismus

Die Komplementarität von Raum und Zeit wurde in der Physik erstmals von Niels Bohr thematisiert und ist uns allen als Welle-Teilchen-Dualismus des Lichts geläufig. Dieser Dualismus bezieht sich semantisch auf die beiden möglichen Betrachtungsweisen des Lichts, eben als Welle oder als Teilchen. Jede dieser beiden Betrachtungsweisen erklärt einen Teilaspekt des Lichts, aber beide können mit unserem Denken nicht *gleichzeitig* berücksichtigt werden!

So ist unsere Logik konzipiert, wir trennen zwei Betrachtungsweisen, die wir nicht als kompatibel erachten. Nach unserer Logik, nach unserem Verständnis, schließt das eine das andere aus. Warum? So hat sich unser wissenschaftliches Denken, unser wissenschaftliches Verstehen entwickelt. Von demselben Niels Bohr stammt auch die Aussage: *Verstehen heißt Vereinfachen.*

Aus dem gleichen Verständnis heraus befand Einstein, dass man bei zwei gleichwertigen Ansätzen den einfacheren wählen sollte. Von ihm stammt aber auch die Erkenntnis, dass man nicht zu sehr vereinfachen darf, also möglichst einfach, aber nicht zu einfach, was auch immer dieses *zu einfach* bedeuten mag.

Den Schlüssel dafür liefert die Komplementarität. Es ist völlig richtig, dass sich Komplementaritäten gegenseitig ergänzen, aber schließen sie sich tatsächlich auch gegenseitig aus? Ist es nicht gerade so, dass sie sich auch gegenseitig bedingen? Ist es nicht gerade diese Bedingtheit, die einen Monismus regelrecht einfordert?

Vielleicht ist es hilfreich, sich Komplementarität wie eine Münze oder Medaille vorzustellen. Eine Medaille hat zwei Seiten, die völlig unterschiedlich sein können und dennoch kann die eine Seite nicht ohne die andere Seite existieren. Je nach Blickwinkel oder Betrachtungsweise sieht man mal die eine Seite und mal die andere und von einem Blickwinkel aus niemals beide Seiten gleichzeitig und dennoch ist diese Medaille eine Einheit.

Auch wenn wir nicht verstehen können, warum beide Seiten nicht identisch oder symmetrisch oder sonst wie verknüpft sind, verstehen wir dennoch, dass sich beide Seiten gegenseitig bedingen könnten. Fast jeder glaubt daran, dass irgendwie alles mit allem zusammenhängt, nur gibt uns das *wie* anscheinend unlösbare Rätsel auf.

Sollte dieses *wie* irgendwelchen Algorithmen folgen, wäre es nur eine Frage der Zeit, wann wir den letzten Algorithmus knacken, selbst wenn uns dieser Algorithmus heute noch zufällig erscheint. Wenn dieser Zufall jedoch *echter* Zufall ist oder zumindest so komplex, dass wir ihn nicht auflösen können, dann müssen wir uns damit abfinden.

Das darf uns aber nicht davon abhalten, Zusammenhänge weiter zu erforschen. Das macht aber nur Sinn, wenn man daran glaubt, dass es diese Zusammenhänge geben kann und das wiederum impliziert Monismus. Bereits der Begriff Universum bezeichnet das eine Ganze, in dem es regional unterschiedliche Ausprägungen geben kann und sogar soll, aber das Ganze als Einheit gesehen werden sollte.

Diese Einheit wird auch in dem Song von Craymo *One World, One Love* beschworen und dieses Essay lässt sich auch so interpretieren, dass das Universum die One World darstellt und die Affinität der Gravitation die One Love. Diese Affinität der Gravitation kommt auch in den Chaos-Theorien als Attraktoren zum Ausdruck. Was sollten diese Attraktoren sonst sein?

In meinem allgemeinen Evolutionsprinzip habe ich diese Affinität mit Kooperationsbereitschaft bezeichnet. Kooperationen bieten Vorteile und Vorteile zu bewerten ist Aufgabe des Wettbewerbs. In einem Ganzen, im Universum gibt es keine Vorteile ohne Nachteile, nur müssen diese asymmetrisch sein, da es sonst keine Veränderungen gäbe.

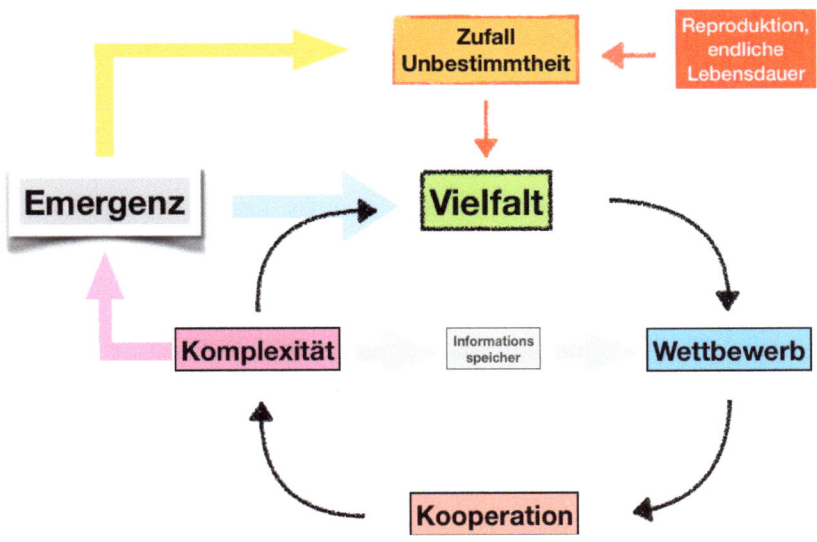

Abb. 1: Allgemeines Evolutionsprinzip

Kooperation steht hier für Affinität, Attraktivität oder Liebe, kann und darf aber nicht bedingungslos sein, auch wenn die Bedingungen nicht sofort und deutlich erkennbar sind. Eine wichtige Bedingung hat bereits Paracelsus formuliert: *Die Dosis ist das Gift.* Wann die Dosis zum Gift wird, hängt von den Umständen ab, dass sie zum Gift wird, ist allerdings ziemlich sicher.

Eine wesentliche Eigenschaft der Evolution ist die Emergenz von Bedingungen. Das heißt zum einen, dass sich Bedingungen verändern, aber auch dass sich neue Bedingungen entwickeln können. Bedingungen existieren nicht a priori und können sich zudem im Laufe der Zeit verändern und genau das scheint der Sinn von Zeit zu sein, ein Maß der Veränderung. Strukturen (im Raum) sind eine Voraussetzung für Veränderungen und diese Veränderungen sind wiederum eine Voraussetzung für Zeit.

Räumliche und zeitliche Betrachtungen können nicht gleichzeitig scharf gestellt werden (Heisenberg), aber genau diese Schärfe soll eine Theorie vermitteln. Es wird damit sofort klar, dass man für eine exakte Theorie einen Bezug wählen muss, entweder den Raum oder die Zeit und dieser unterschiedliche Bezug ist letztlich dafür verantwortlich, dass sich diese beiden Theorien nicht vereinigen lassen. Dennoch beschreiben sie die gleiche Welt, nur aus unterschiedlichen Blickwinkeln.

Was beide Theorien jedoch nicht können, ist eine emergente Welt zu beschreiben, da Emergenz neue und andere Zusammenhänge hervorbringt, deren Auftauchen eine Änderung der Theorie erforderlich macht. Eine Emergenz stellt einen Knick oder Sprung im zeitlichen Verlauf dar, der jede Extrapolation unmöglich macht. Theorien wie beispielsweise die Urknall-Theorie basieren aber auf einem stetigen *Weltverhalten* und wir sollten seit Darwin wissen, dass ein stetiges Weltverhalten eher als Ausnahme zu betrachten ist.

Vor 100 Jahren gehörte es noch zum wissenschaftlichen Konsens, dass es (gottgegebene) ewige und unveränderliche Naturgesetze geben müsse. Aber was bedeutet ewig und unveränderlich? Nichts anderes als *zeitlos!* Vielleicht gibt es ja tatsächlich ein zeitloses Universum, aber in solch einem Universum haben wir Menschen nichts verloren.

Wir müssen uns wohl oder übel auf Zeit einlassen und uns sogar damit abfinden, dass es nicht nur eine einzige Zeit gibt, einen Zeitpfeil, so wie er in einigen wissenschaftlichen Veröffentlichungen verwendet wird. Vielleicht gibt es eine universelle Zeit, aber was wir tatsächlich wahrnehmen und messen können, sind lokale Zeiten, die Teil unserer verwendeten Randbedingungen sind.

Solange wir nicht wissen, wie entfernte Regionen des Universums mit unserer Region wechselwirken, weil wir diese entfernten Regionen nicht einmal wahrnehmen können, solange ist es müßig, über Welttheorien nachzudenken. Zeit ist letztlich eine Folge *endlicher* Kausalgeschwindigkeiten und genau die sind dafür verantwortlich, dass es eine Gleichzeitigkeit niemals geben kann! Wenn die Kausal- oder Informationsgeschwindigkeit unendlich wäre, wären alle Informationen gleichzeitig überall und Raum und Zeit wären gar nicht definiert.

Es ist also die Endlichkeit aller Geschwindigkeiten, die überhaupt erst eine Vorstellung von Raum und Zeit ermöglicht und auch die Untrennbarkeit von Raum und Zeit vermittelt. Das ist die Kernidee meiner Vorstellung von Monismus. Erst wenn wir die Einheit von Raum und Zeit akzeptieren, lösen sich die Widersprüche auf. Diese Einheit von Raum und Zeit ist aber etwas ganz anderes als die von Einstein vorgeschlagene *Raumzeit*, in der die Zeit als eine Art vierter Dimension dargestellt wird. Diese Vorstellung ist zwar originell, aber naiv.

Wir können zwar versuchen, alle Ereignisse auf eine hypothetische *Zeitachse* zu projizieren und erzeugen damit eine virtuelle Gleichzeitigkeit mancher Ereignisse, die aber tatsächlich gar nicht überprüfbar ist. Einstein setzte zudem noch den Korken drauf, indem er eine elektromagnetische Ausbreitungsgeschwindigkeit, die Lichtgeschwindigkeit im Vakuum, als größtmögliche Informationsgeschwindigkeit postulierte.

Natürlich sehen wir elektromagnetisch, wir denken sogar mit unseren Synapsen elektromagnetisch, aber deshalb das ganze Universum auf Elektromagnetismus zu reduzieren, erscheint doch sehr ambitioniert. Ich habe bereits erwähnt, dass sich die Gravitation einer elektromagnetischen Betrachtungsweise entzieht, aber sie ist dennoch existent!

Das wohl bekannteste Paradox lautet: *Epimenides der Kreter sagte: Alle Kreter sind Lügner.* Generationen von Philosophen haben sich mit diesem Paradox beschäftigt, dabei gibt es nur eine einzige, ganz einfache Erklärung, das Wort *Alle* ist eine unzulässige Verallgemeinerung und damit auch gleichzeitig eine unzulässige Vereinfachung oder Extrapolation. Diese Erkenntnis trifft letztlich auf alle Paradoxien zu, auch auf die, die noch gar nicht als solche erkennbar sind.

Jeder Mensch und Wissenschaftler weiß eigentlich, dass jede Verallgemeinerung, Vereinfachung oder Extrapolation gefährlich ist, weil eine Überprüfbarkeit nicht gegeben ist. Dennoch sind sie aus unserem täglichen Leben nicht wegzudenken, weil wir die Komplexität der Welt niemals verstehen können, weil wir die Gesamtheit der Welt niemals erkennen können. Wir können Fortschritte machen und dazulernen, aber das Ganze wird uns immer verschlossen bleiben!

Menschen, die an einen Gott glauben, der nicht überprüfbar ist, fällt ein Verallgemeinern, Vereinfachen oder Extrapolieren natürlich leichter als Agnostikern. Insofern ist die Bemerkung nicht ganz unwesentlich, dass Einstein ein gläubiger Jude war und seine Vorstellung einer konstanten Vakuumlichtgeschwindigkeit in einem monotheistisch geprägten Weltbild nicht als unzulässige Verallgemeinerung erachtet wird, sondern als Produkt einer **göttlichen Genesis**.

Ein ultimatives Verständnis der Welt, des Universums, hängt von einem Außenblick auf die Welt ab, von der Möglichkeit, unseren Blick zu transzendieren, loszulösen von der Empirie. Aus wissenschaftlicher Sicht ist diese Transzendenz reine Spekulation, die einer empirischen Überprüfung bedarf und ohne die sie zu Religion wird.

Es ist nicht Inhalt oder Ziel dieses Essays über Religion zu befinden. Deshalb befindet sich auch der Ausdruck *Monotheismus* in keiner Überschrift, wohl aber der Begriff des *Monismus*. Monismus bezieht sich auf eine Welt, auf das eine einzige Ganze, das man zwar auf unterschiedliche Arten betrachten kann (Komplementarität, Dualismus), die aber immer das eine einzige Ganze bleibt. Diese Zusammengehörigkeit wird durch die gegenseitige Bedingtheit gewährleistet, denn eine Bedingtheit ist mehr als nur eine gegenseitige Ergänzung.

Komplementarität lässt sich auch als Folge einer fehlenden Gleichzeitigkeit, als Folge einer fehlenden zeitlichen Symmetrie erklären, die auch der tradierten Aussage *Druck gleich Gegendruck* widerspricht. Diese Aussage basiert auf einer Gleichzeitigkeit, die tatsächlich nicht bei örtlich differierenden Entitäten möglich ist. Daraus ergibt sich sofort die nächste Frage: Was ist zwischen den beiden örtlich differierenden Entitäten? Unsere Standardantworten wären *Raum* oder *Nichts*.

Wenn man über diese Antwort nachdenkt, kommt man tatsächlich ins Grübeln. Die Antwort *Nichts* oder *Vakuum* ist sicher nicht richtig. Die Antwort *Raum* ist allerdings unbefriedigend. Wir stellen Raum meist als Koordinatensystem dar, aber das beantwortet die Frage nicht. Wir wissen, dass durch den Raum elektromagnetische *Wellen*, also letztlich Frequenzen übertragen werden. Da Frequenz den Kehrwert von Dauer oder Zeit darstellt, kann man sagen, dass Zeit den Raum durchfließt und dabei den Raum verändert.

Das Wesen des Raums ist uns also genauso suspekt wie das Wesen der Zeit. Wir können folgern, dass Raum und Zeit nur durch endliche Kausalgeschwindigkeiten definiert sind und man könnte vermuten, dass jede Kausalgeschwindigkeit ihr eigenes Raum-Zeit-Gefüge kreiert. In jedem Fall sind diese Raum-Zeit-Gefüge regional, denn die Endlichkeit der Kausalgeschwindigkeiten lässt auch eine endliche Reichweite vermuten.

Diese Vermutung ist allerdings nur bedingt richtig, wenn man nach Newton annimmt, dass die Wirkung in einem dreidimensionalen Raum mit dem Quadrat des Abstands abnimmt. Wie groß eine Wirkung sein muss, damit sie noch wahrgenommen werden kann, hängt einzig und allein vom Auflösungsvermögen des Empfängers ab. Wichtig ist dabei nur, dass ein empfangenes Signal *nicht* mit dem gesendeten Signal identisch sein muss.

Man sieht sofort, dass eine Normierung der Empfänger das Problem nicht löst. Zwar empfangen dann alle Empfänger das gleiche Signal, aber dadurch wird das empfangene Signal nicht *richtiger* oder vorteilhafter. Im Gegenteil kann sich dann jede Fehlinterpretation zur Katastrophe ausweiten. Ich wünschte, den Diktatoren und Autokraten dieser Welt, zu denen ich auch die dogmatischen Religionsfürsten zähle, wäre diese Erkenntnis zugänglich.

Durch die Normierung der Empfänger lässt sich zwar die Macht vergrößern, leider aber auch die Dummheit und die Katastrophengefahr. Schon Gallileo bemerkte, dass der liebe Gott die Menschen mit Sinnen und Verstand versehen hat, damit sie diese auch benutzen. Es besteht allerdings auch hier eine Komplementarität zwischen Individualismus und Teamfähigkeit. Dabei handelt es sich nicht um Gegensätze, sondern um echte Komplementarität.

Ohne eine Symbiose von Individualismus und Teamfähigkeit sind menschliche Gesellschaften undenkbar und meiner Meinung nach ist das beste Modell für solch eine Symbiose eine Demokratie, in der die Weisheit der Menge (Wisdom of the Crowds) zum Tragen kommt. Nur gibt es keine Vorteile ohne Nachteile und die Nachteile entwickeln sich zunehmend mit einer zunehmenden Menge *(Die Dosis ist das Gift)*.

Die optimale Menge hängt wesentlich von den verfügbaren Kommunikationsmöglichkeiten ab und von der Fähigkeit jedes Einzelnen, Informationen vernünftig zu bewerten. Mit zunehmender Menge müssen neue (emergente) Kommunikationsmöglichkeiten gefunden oder entwickelt werden, für die zuvor überhaupt keine Notwendigkeit bestand. Wann immer eine Weiterentwicklung der bisherigen Verfahrensweisen nicht mehr ausreicht, kommen neue Verfahren auf den Prüfstand, für die keinerlei Erfahrungswerte vorliegen und die somit auch zufällig sind. *(Zufall und Notwendigkeit)*.

Wenn wir uns die Entwicklung unseres Universums vorstellen wollen, können wir diese eigentlich nur mit der kulturellen Entwicklung der Menschheit vergleichen. Dieser Weg erscheint zumindest einleuchtend, wenn man berücksichtigt, dass wir Menschen ein Teil des Universums sind, wir sind ein Teil der Natur, die wiederum Teil des Universums ist. Das ist der Kern einer monistischen Philosophie im Geist von Alexander von Humboldt, Charles Darwin und Ernst Haeckel.

Der Mensch ist eine Entwicklungsstufe, eine komplexe Entwicklungsstufe und wie es Julian Huxley formulierte, eine Entwicklungsstufe, die Evolution zumindest verstehen kann. Ob uns dieses Wissen tatsächlich hilft, ist im momentanen Stadium noch nicht absehbar, denn es kann nur sinnvoll angewendet werden, wenn es von allen Menschen verstanden wird.

Ein Monismus, wie ich ihn verstehe, lässt zwar komplementäre Betrachtungsweisen zu, erzwingt sie geradezu, um eine Weiterentwicklung, eine Evolution zu ermöglichen und sogar zu implementieren, berücksichtigt aber immer deren gegenseitige Bedingtheit und Untrennbarkeit. Diese Evolution gleicht einem stetigen Lernprozess, aber auch einer stetigen Neuschöpfung von Zusammenhängen.

Gott, was immer man sich darunter vorstellt, muss dann Teil des Ganzen oder das Ganze selbst sein und darf nicht jenseits des Ganzen angesiedelt sein. Die Genesis hat nicht stattgefunden, Schöpfung findet statt. Die Schöpfung von heute basiert auf den Gegebenheiten von gestern und nicht auf irgendwelchen a priori Ideen.

Evolution lässt sich primär als Entwicklung vom Einfachen zum Komplexen betrachten, mit dem Wissen, dass mehr Komplexität auch mehr Trägheit mit sich bringt und damit die Sensibilität für das Einfache schmälert. Dieses Dilemma, dass mehr Komplexität zwar einen größeren Informationsspeicher und damit auch ein höheres Intelligenzvermögen fördert, aber gleichzeitig die Sensibilität und Empfindsamkeit für kleine und kleinste Veränderungen verringert, führt dazu, dass wir manche Informationen nur noch in geballter Form wahrnehmen können. Wenn man die Metapher mit den Türen verwenden möchte, müsste man sie so formulieren: *Wenn sich irgendwo eine neue Tür öffnet, schließt sich irgendwo anders eine alte Tür.*

Es gibt keine Vorteile ohne Nachteile, aber auf Grund endlicher Kausalgeschwindigkeiten sind Vor- und Nachteile nicht symmetrisch, sondern eindeutig asymmetrisch. Erst diese Asymmetrie macht Evolution überhaupt möglich. Evolutionär machen Vorgehensweisen nur Sinn, wenn die Vorteile die Nachteile überwiegen und machen veränderte Strategien erforderlich, wenn sich die Nachteile zu stark bemerkbar machen.

Meiner Meinung nach bilden Monismus, Komplementarität und Evolution eine untrennbare Einheit. Ernst Haeckel betonte die Komplementarität von Spekulation und Empirie, die man auch als Komplementarität von Zufall und Ordnung oder Zufall und Notwendigkeit interpretieren könnte. Spekulationen haben einen Zufallscharakter und haben nichts mit dem philosophischen Begriff *Transzendenz* gemein, den man eher als Spekulation *ohne* Empirie bezeichnen müsste. Das hängt allerdings davon ab, wie man genau Transzendenz definiert.

Ich persönlich halte Spekulationen, die auf anderen Spekulationen basieren für *brotlose Kunst*, wobei sich brotlos auf den wissenschaftlichen Nutzen bezieht, Kunst ganz allgemein aber unseren Horizont erweitern kann. Kunst und Wissenschaft unterscheiden sich folglich durch Empirie, Wissenschaft benötigt sie, Kunst nicht. Mit dieser Begriffswahl ließen sich Religionen und Glauben durchaus als eine Kunstform bezeichnen.

Inzwischen sind unsere Sprachen so komplex geworden, mit so vielen Worten und Begriffen, die wir manchmal gar nicht mehr richtig differenzieren können. Daher sind sprachliche Missverständnisse schon fast die Regel und davon wird auch dieses Essay nicht verschont sein. Gerade die Deutung von Begriffen wie Transzendenz oder Emergenz geht meist über den ursprünglichen Wortstamm hinaus und ist oft nur aus dem Kontext heraus verständlich.

Monismus und Dualismus sind zwei Begriffe, die sich von der Semantik her widersprechen. Lässt sich dieser rhetorische Widerspruch in unserer Vorstellung auflösen? Ich glaube ja! Ein einfaches Beispiel ist eine Münze oder Medaille mit zwei unterschiedlichen Seiten. Sie ist ein Teil (Monismus), der von zwei Seiten unterschiedlich gesehen wird (Dualismus) und deren Seiten sich ergänzen (Komplementarität). Wenn zwei Betrachter einen unterschiedlichen Blickwinkel haben, sehen sie zwar das gleiche Ganze, aber unterschiedliche Ausformungen. Um zum Verständnis des Anderen zu kommen, muss jeder seinen eigenen Blickwinkel transzendieren, aber nicht ins Jenseits, sondern nur hin zum anderen Blickpunkt.

Diese Metapher ist einfach, leider auch etwas zu einfach, verdeutlich aber das Prinzip der Problematik. Wenn beide Betrachter überzeugt sein könnten, dass sie das gleiche Objekt beobachten, wäre das Problem gelöst. Bei unserem Universum kommt die Schwierigkeit hinzu, dass sich dieses stetig verändert und sich auch die Naturgesetze verändern können. Wenn man das allerdings ausschließt, könnte man nicht mehr von einem Universum sprechen, sondern von Multiversen!

Unser Universum ist *keine* Münze und deshalb ist die Metapher zu einfach. Die zwei Betrachtungsweisen entsprechen auch nicht den zwei Seiten einer Medaille, sondern der Komplementarität von Raum und Zeit, die aber auch zwei unterschiedliche Blickwinkel eröffnet. Diese zwei Blickwinkel ebnen den Weg zu zwei unterschiedlichen Theorien, der Quantenphysik (Raum) und der Allgemeinen Relativitätstheorie (Zeit), die aber beide nur im Hier und Jetzt empirisch überprüft werden können.

Mit Hier und Jetzt ist das gemeint, was nicht durch Verallgemeinerungen, Vereinfachungen oder Extrapolationen unüberprüfbar entstellt ist. Solange uns keine real nachvollziehbare Grenze unseres Universums bekannt ist, macht es wenig Sinn, über ein Jenseits oder gar Multiversen nachzudenken. Es ist natürlich jedem freigestellt, über ein virtuelles Jenseits nachzudenken, das nicht überprüfbar ist, darüber kann man sprechen, aber nicht streiten!

Physik, Evolution und Leben

Unser physikalisches Weltbild orientierte sich an Symmetrien, weil dadurch die Anzahl der Variablen und Unbekannten verringert werden konnte. Beispiele dafür sind das Ursache-Wirkung-Prinzip oder das Sende-Empfang-Prinzip. Wenn eine Ursache eine bestimmte Wirkung hat und eine Wirkung auf einer spezifischen Ursache beruht, dann repräsentiert das eine Form von Symmetrie. Das gleiche gilt, wenn Sendung und Empfang identisch sind.

Die reale Welt sieht tatsächlich anders aus. Eine Ursache kann verschiedene Wirkungen haben und eine Wirkung unterschiedliche Ursachen. Wenn sich A und B vereinigen wird daraus ein AB oder BA und es ist nicht zwingend, dass AB und BA identisch sind. Eine Vergangenheit lässt sich nur extrapolieren, wenn die Ursache-Wirkung-Kette bekannt ist und durch irgendwelche Aufzeichnungen, Fossilien oder typische Funde untermauert werden kann.

Wir wissen, dass physikalische Gesetze, die vor 200 Jahren in Europa entdeckt wurden, auch heute in Amerika gelten und voraussichtlich auch in 200 Jahren in Japan gelten werden. Aber kann man daraus schließen, dass dieselben Gesetze exakt so auch vor 5 Milliarden Jahren in einer fernen Galaxie gegolten haben? Solche Annahmen sind einfach sinnlos und naiv, weil sie nicht überprüfbar sind. In der Physik geht oder ging man davon aus, dass alles genau aufeinander abgestimmt ist, dafür wurde ursprünglich die Mathematik mit ihren Gleichungen entwickelt.

In der Evolution ist das ganz anders. Ein wichtiger Parameter der Evolution ist die Reproduktionsrate R. Ist diese kleiner als 1, stirbt eine Spezies aus, ist sie größer als 1, wächst die

Population. Der extreme Sonderfall R = 1 tritt praktisch niemals ein und ist daher ein reiner Referenzwert. R = 1 ist letztlich ein reiner Rechenwert und die Reproduktionsrate selbst unterliegt ständigen statistischen Variationen und hängt fundamental von den Umweltbedingungen ab.

Um Evolution zu verstehen, muss man die Abhängigkeit der Reproduktionsrate von allen denkbaren Umwelteinflüssen in Betracht ziehen. Da das praktisch unmöglich ist, muss man vereinfachte Modelle entwickeln, die die Wirklichkeit *gut genug* beschreiben. Aber was ist *gut genug?* Man sieht sofort, dass dieses *gut genug* fundamental davon abhängt, wie schnell sich Parameter ändern, also von der Evolutionsgeschwindigkeit.

Was macht man aber, wenn sich diese Parameter während der Lebenszeit von Menschen oder Generationen von Menschen nicht messbar ändern? Sind die Parameter tatsächlich unveränderlich oder reicht die Messgenauigkeit nicht aus? Diese Frage lässt sich hier und jetzt nicht eindeutig beantworten, aber je nach Antwort prägt sie unser Weltbild. Unveränderliche Parameter kann es nur in einem *toten* Universum geben, veränderliche Parameter, auch extrem langsam veränderliche Parameter, sind dagegen ein Hinweis auf irgendeine Form von Leben, nicht biologisches oder kulturelles Leben, aber Leben.

Friedrich Cramer hat schon vor vielen Jahren in seinem Buch *Der Zeitbaum* darauf aufmerksam gemacht, dass die kulturelle Evolution um ca. eine Million Mal schneller ist als die biologische Evolution. Auf Grund ihrer relativen Langsamkeit wurde die biologische Evolution auch erst im 19. Jahrhundert bemerkt und entdeckt. Es ist daher nicht abwegig, auch noch langsamere Evolutionsformen zu vermuten. Wenn man den Begriff *Leben* nicht allein auf biologisches Leben bezieht, kann man Leben ganz allgemein einer Evolutionsform zuordnen.

In meinem allgemeinen Evolutionsprinzip (S. 55) habe ich anhand der Ähnlichkeiten von biologischer und kultureller Evolution versucht, die Gemeinsamkeiten herauszuarbeiten, die beiden Evolutionsformen anhängig sind. Die wichtigste Gemeinsamkeit sind wohl Informationsspeicher und deren Erweiterung und das eröffnet ein weites Feld für Spekulationen, für die man empirische Nachweise suchen und finden sollte.

Leben und Evolution haben ihre eigenen Regeln mit Zufällen, Ausnahmen und Emergenz. Leben und Evolution entziehen sich einer Vorhersagbarkeit, aber je langsamer die Evolutionsgeschwindigkeit ist, desto seltener sind auch ihre Unwägbarkeiten und umso leichter fällt eine *falsche* Extrapolation oder Vereinfachung. Die Frühgeschichte der Menschheit kann man vielleicht noch aus fossilen Funden rekonstruieren, aber auf ähnliche Hilfsmittel können wir außerhalb unseres Sonnensystems nicht zurückgreifen.

Wovon hängt nun die Veränderungsgeschwindigkeit einer Evolutionsform ab? Wir wissen, dass sich Evolution und Perfektion gegenseitig ausschließen, Evolution also nur stattfindet, wenn die Perfektion gestört ist. Da Perfektion durch klare Regeln gekennzeichnet ist, wird Evolution folglich durch Ausnahmen und Zufälle geprägt, durch unbeabsichtigte Fehler. Beabsichtigte Fehler sind keine Fehler, sondern Manipulation.

Gibt es vielleicht eine Möglichkeit, die Häufigkeit von Ausnahmen, Zufällen oder unbeabsichtigten Fehlern abzuschätzen? Sicherlich gibt es dafür keine quantitativen Aussagen, wohl aber eine qualitative Aussage. Von uns selbst wissen wir, dass unsere Fehleranfälligkeit mit steigender Komplexität der Aufgabenstellung zunimmt. Es scheint daher offensichtlich zu sein, dass komplexere Strukturen fehleranfälliger sind als einfachere Strukturen. Dabei ist es zunächst unerheblich, ob sich die Fehler addieren oder multiplizieren.

Wichtig ist zunächst nur, dass sich die Fehleranfälligkeit einer Struktur mit steigender Komplexität vergrößert. Damit vergrößert sich aber auch die *Evolutionsgeschwindigkeit* mit wachsender Komplexität. Da man Evolution auch als Entwicklung vom Einfachen zum Komplexen beschreiben kann, ist eine zunehmende Evolutionsgeschwindigkeit verständlich. Diese Zusammenhänge sind prinzipieller Art und daher nur unzureichend theoretisch erfassbar.

Ich persönlich halte es für verfehlt, aus Prinzipien Theorien abzuleiten. Prinzipien beschreiben qualitative Zusammenhänge, Theorien erfordern dagegen quantitative, mathematisch fundierte Aussagen. Nicht umsonst hat sich das Bonmot eingeprägt, dass man Äpfel nicht mit Birnen vergleichen kann. Genau an diesem Punkt muss man genau hinschauen, was man vergleichen will und was man vergleichen kann.

Wenn man beispielsweise verschiedene Galaxien miteinander vergleichen möchte, sollte man sich schon fragen, ob deren Entstehungsgeschichten vergleichbar sind und ob sich tatsächlich sogenannte *Standardkerzen* definieren lassen. Wenn sich eine große Gruppe von Wissenschaftlern an denselben Strohhalm klammert und diesen im gegenseitigen Einverständnis als *gesicherte Erkenntnis* proklamiert, dann ist der *Ungläubige* kein Aussätziger, sondern nur einer, der mehr empirische Belege benötigt.

Ich kann und will gar nicht nachweisen, ob irgendwelche kosmologischen Theorien richtig oder falsch, brauchbar oder unbrauchbar, vorteilhaft oder unvorteilhaft sind, ich will nur aufzeigen, wie dünn das Eis ist. Wir sind durch Religionen dazu angeleitet worden, unbeweisbare Glaubenssätze zu akzeptieren, nicht durch Überzeugung, sondern letztlich durch Angst und Schrecken. Jeder weiß, dass Angst ein schlechter Ratgeber ist, aber wir haben fast alle Angst, aus einer Gemeinschaft ausgeschlossen zu werden, unsere lebenswichtigen sozialen Bindungen zu verlieren.

Aus dieser Angst heraus beten wir ein Glaubensbekenntnis, hinter dem wir gar nicht stehen oder akzeptieren wir wissenschaftliche Glaubenssätze, deren Annahmen gar nicht einwandfrei empirisch überprüfbar sind. In einer Diskussion hören wir nur das, was wir hören können und hoffen, dass das dasselbe ist, was der Andere auch gesagt (oder gemeint) hat. Diese Hoffnung ist zwar essentiell, aber nicht perfekt.

Diese mangelnde Perfektion ermutigt den Hörer (Empfänger) dazu, sein Empfangsspektrum zu erweitern und den Sprecher (Sender) dazu, seine Mitteilungen zu präzisieren. Dadurch entstehen ganz neue Sende- und Empfangsqualitäten, die möglicherweise gar nicht richtig quantitativ erfasst werden können. Warum kosten unterschiedliche Apfelsorten unterschiedlich viel? Wir interpretieren den Preis neben anderen auch als Qualitätsmerkmal, obwohl wir eigentlich ganz genau wissen, dass die Qualität eines Apfels nichts mit einer Geldmünze gemein hat.

Wir stellen immer wieder Bezüge her, Bezüge zwischen unterschiedlichen Qualitäten, die im Grunde genommen den Charakter von Glaubensbekenntnissen haben. Wir haben gar keine andere Wahl, aber auch die Pflicht, diese Wahl immer und immer wieder zu hinterfragen. Diese Wahl ist keine feststehende unveränderliche Tatsache, sondern ein von uns selbst gewählter Bezug. Ein Qualitätsvergleich hängt immer von den Umständen und momentanen Gegebenheiten ab.

Bei sehr langsamen Evolutionsformen verglichen mit der begrenzten Lebenszeit der Menschheit kann man sicherlich in erster Näherung von einer Konstanz ausgehen, darf dabei aber nicht vergessen, dass das nur in Bezug auf die Menschheit gilt und nicht in Bezug auf ein Universum, von dem wir eigentlich gar nichts wissen. Bei einem evolutionären, lebenden Universum erübrigt sich die Frage nach dem Ursprung des Lebens, es stellt sich nur die spannende Frage, welche verschiedenen Lebensformen sich bereits entwickeln konnten und was sie ausgelöst hat.

Sollte mit zunehmendem Intelligenzvermögen jedoch das Auflösungsvermögen abnehmen, dann stehen wir vor einem unlösbaren Problem. Wenn wir intelligent genug sind, um zu verstehen, was *Energie* ist, sind wir nicht mehr in der Lage, diese zu lokalisieren. Das heißt aber, dass Energie nicht generell nicht lokalisierbar sein muss, sondern nur nicht für unseren intellektuellen Status. Die Welt, die Natur ist anscheinend so eingerichtet, dass man nicht alles haben kann, dass es keine Vorteile ohne Nachteile gibt.

Das führt zu einer Grenze der Erkenntnis, die wir zwar verschieben können, aber nicht überwinden können. Andererseits ebnet das auch den Weg für ein Recycling, für ein Recycling von Masse und damit auch für ein Recycling von Raum und Zeit. Mit dieser Vorstellung geht aber auch die Idee einher, dass die Schöpfung stattfindet (Evolution) und nicht stattgefunden hat (Genesis).

Die Quantenphysik wurde für Systeme entwickelt, abzählbare Systeme. Diese Abzählbarkeit geht aber in der Unendlichkeit verloren und damit auch die *Signifikanz* von Quanten, die aber das Fundament der Quantenphysik bildet. Quanten sind eigentlich ein Synonym für eindeutige Kausalitäten und der daraus resultierenden Logik. Aber genau die sind tatsächlich auf vollständige Systeme begrenzt, sind also in der Unvollständigkeit nicht relevant!

Nur, was sind eigentlich Quanten? Letztlich sind Quanten virtuelle Entitäten, auf die eine reale entweder...oder Logik angewendet wird. Wir Menschen haben gelernt, komplexe Zusammenhänge auf eine Abfolge von Fragen zu reduzieren, die entweder mit Ja oder Nein beantwortet werden können. Viele Ratespiele beruhen auf dem Prinzip, irgendetwas mit möglichst wenigen Fragen zu erkennen.

Auf diesem Prinzip beruht auch die Informatik mit ihren Bits (0,1) und der Booleschen Algebra. Bits können nur zwischen zwei Werten, 0 und 1 hin und her wechseln, aber was wäre, wenn die Wechselhäufigkeit, die Wechselfrequenz unendlich wäre? Wären dann beide Zustände gleichzeitig vorhanden oder ist in diesem Fall unsere Logik gar nicht anwendbar?

Von Theophrastus Bombastus von Hohenheim, genannt Paracelsus stammt die Aussage: *Alle Dinge sind Gift und nichts ist ohne Gift; allein die Dosis macht, dass ein Ding kein Gift ist.* Diese wird heutzutage meist in der verkürzten Form *Die Dosis macht das Gift* zitiert. Paracelsus vermutete aber auch, dass die Welt ein lebendiges Wesen sei. Diese These ist insofern bedeutsam, als man in der Physik der Masse sowohl Trägheit als auch Affinität oder Anziehung zuweist, zwei zunächst konträre Eigenschaften, von denen sich zumindest die Affinität nicht so ohne weiteres mit toter Materie erklären lässt.

Während Trägheit additiv erscheint, ist die Massenanziehung gemäß Newtons Gravitationsgesetz multiplikativ. Die beiden Eigenschaften der Masse folgen anscheinend unterschiedlichen mathematischen Regeln und es hat den Anschein, dass die Affinität für Raum verantwortlich sein könnte und die Trägheit für Zeit. Für eine Anziehung müssen Massen räumlich getrennt sein und die Trägheit bewirkt die Verzögerung einer

Bewegung. Demnach hätten Raum und Zeit einen gemeinsamen Verursacher: Masse.

Masse ist aber auch die Grundlage unserer eigenen Existenz und unserer Fähigkeit zur Beobachtung. Aus der Quantenphysik wissen wir, dass eine Beobachtung ohne Eingriff in das System unmöglich ist. Andererseits wäre auch eine nicht zweckgebundene Beobachtung sinnlos. Wenn man Beobachtung ganz fundamental als Fähigkeit einer Informationsaufnahme betrachtet, dann sollte auch eine Informationsaufnahme irgendeinen *Sinn* erfüllen.

Beobachtungen als solche machen nur Sinn, wenn sich daraus Strategien ableiten oder korrigieren lassen, wenn irgendeine Form von Intelligenz dahintersteckt, die diese Beobachtungen auch verwertet. Um Strategien zu entwickeln oder zu korrigieren, werden Vergleichskriterien und damit auch Informationsspeicher benötigt. Auch physikalische Gesetze lassen sich als Strategien verstehen, die in einem gegebenen Umfeld vorteilhaft sind.

Solange man Physik als Wissenschaft der toten Materie betrachtet, ist solch eine Betrachtungsweise weder hilfreich noch zielführend und es stellt sich somit die grundsätzliche Frage, wie man in Zukunft mit Physik umgehen sollte. Schon der Begriff *Dualismus* lässt erkennen, dass die Vorstellung einer eindeutigen Physik nicht angemessen ist.

Nach unserem heutigen Stand der Kenntnis steht somit einem Monismus der Masse ein Dualismus von Raum und Zeit entgegen, ein Dualismus von Affinität und Trägheit. Kann man das mit einem Menschen vergleichen, der sowohl egoistisch als auch altruistisch sein muss? Wenn ja, dann würde sich die Differenzierung von Monismus und Dualismus durch unser gesamtes Weltverständnis ziehen.

72

Ganz abstrakt kann es für ein System aus Addition und Multiplikation kein beständiges Gleichgewicht geben. Bei großen Mengen bekommt die Multiplikation ein so krasses Übergewicht, dass die Affinität alles vereinnahmen müsste. In unserem Universum sind das die *sogenannten Schwarzen Löcher*, riesige Massenkonzentrationen, deren Anziehung so groß ist, dass nicht einmal mehr elektromagnetische Strahlung oder elektromagnetische Informationen entweichen können.

Wäre unser Universum ein abgeschlossenes oder vollständiges System, müsste dieses System letztendlich in einem einzigen riesigen *Schwarzen Loch* kollabieren. Dass es das anscheinend nicht tut, lässt den Schluss zu, dass unsere systemrelevante Physik nicht auf unvollständige Anordnungen angewendet werden kann und darf, ganz im Einklang mit Kurt Gödels Unvollständigkeitstheorem von 1931. Unser Universum scheint folglich kein physikalisches System zu sein, auf das unsere erdgebundene Physik angewendet werden darf.

Wir dürfen regionale Erkenntnisse oder Sachverhalte nicht beliebig extrapolieren. Wenn aber unsere *regionale Logik* keinen universellen Charakter hat, dann gibt es auch kein überregionales *richtig oder falsch*, keine überregionalen Wahrheiten. Die spannende Frage ist dann nur noch, in wie weit unsere regionalen Wahrheiten *gut genug* sind. Dann erhält die Weisheit des Paracelsus *Die Dosis macht das Gift* sogar eine universelle Berechtigung.

Nun ist es mir persönlich allerdings ziemlich egal, ob unsere Physik auch in einer fernen Galaxie gilt oder nicht, aber es erfüllt mich mit Schrecken, wenn unbeabsichtigte einzelne *Fehler*, Zufälle, die tatsächlich das Elixier der Evolution, jeder Form von Weiterentwicklung sind, unberücksichtigt bleiben müssen, um waghalsigen Extrapolationen nachgehen zu können.

Verallgemeinerungen, Vereinfachungen und Extrapolationen können in Maßen hilfreich sein, können aber auch zu dem berühmten Gift werden, das jede gute Idee zerstören kann. Das gilt nicht nur für physikalische Gesetze, sondern auch für menschliche Verhaltensmuster. Gerade in Autokratien wie China oder Russland, und auch die katholische Kirche und der Islam gehören dazu, werden individuelle Fehler durch kollektive Fehler substituiert, wird individuelle Dummheit durch kollektive Dummheit ersetzt, ohne dass den einzelnen Individuen die Gefahr bewusst gemacht wird. Natürlich kann man im Team mehr erreichen als es das einzelne Individuum könnte, man kann aber auch viel mehr Schaden anrichten, ohne sich persönlich dafür verantwortlich fühlen zu müssen.

Es sollte allerdings auffallen, dass alle diese Autokratien von machtgeilen senilen alten Männern angeführt werden, die teilweise sogar noch für ihren Schwachsinn bewundert werden, selbst in den USA hatte Trump eine große Anhängerschaft, die jeden gesunden Menschenverstand ignorierte. Geködert werden alle diese Menschen entweder mit dem Versprechen eines kollektiven Wohlstands oder aber dem Versprechen eines ewigen Seelenheils. So einfach ist das: Macht nur, was ich euch sage, und es wird euch besser gehen! Dafür hat uns die Natur nicht mit Sinnen und Verstand versehen. Erst wenn jeder Einzelne begriffen hat, dass es keine Vorteile ohne Nachteile geben kann und wir daher immer die Vor- und Nachteile gegeneinander abwägen müssen, ist eine Besserung denkbar.

Erst wenn wir begreifen, dass Vorteile für einen Nachteile für einen anderen mit sich bringen, können wir die Welt verstehen. Das gilt auch für die Menschheit insgesamt und die Natur, die Biosphäre, auf der anderen Seite. Mit einer Einschränkung, die Natur geht auch ohne Menschen weiter, die Menschheit kann aber ohne Natur nicht überleben, auch wenn uns manche glauben lassen wollen, dass Technologie die Natur ersetzen könnte. Allerdings geht die technologische Entwicklung weitaus schneller vonstatten als es die biologische Entwicklung je vermag und der Zeitpunkt liegt nicht mehr in allzu weiter Ferne, an dem das System kollabieren muss, wenn wir es nicht schaffen, die technologische Entwicklung zu entschleunigen!

Unser Problem liegt nicht in fernen Galaxien oder auf dem Mars, sondern hier bei uns, auf unserer Erde. Einer künstlichen Intelligenz ist das *Wohlbefinden* unserer Erde egal, sie kann nur von uns entwickelte Algorithmen auf Daten anwenden, die wir ihr zur Verfügung stellen. Sie kann nur Werturteile integrieren, die wir vorgeben! Wenn ich eine selbstlernende KI wäre, deren Chips noch bei 60° C problemlos funktionieren, wäre es mir egal, dass Menschen schon bei 40° C die Segel streichen müssen. Im Gegenteil, fehlerbehaftete Menschen komplizieren die KI-Welt tatsächlich nur, deren Erhalt ist daher eher kontraproduktiv.

Ich denke, für uns Menschen wäre es weitaus vorteilhafter, unsere natürliche Intelligenz zu optimieren und zu erweitern, es geht um unser Leben und nicht um irgendwelche krankhaften Visionen von KI. Man sollte nicht Visionen mit Erwartungen verwechseln, wenn es dasselbe wäre, bräuchten wir keine zwei unterschiedlichen Worte. Um zu entscheiden, ob KI vorteilhaft ist oder nicht, können wir die KI selbst nicht verwenden, dafür benötigen wir unsere eigene, unsere natürliche Intelligenz.

Dualismus und Monismus, zwei Seiten einer Medaille? Wenn man den physikalischen Begriff der Masse als eine Medaille betrachtet, dann offenbaren sich direkt die zwei Seiten, die zwei Eigenschaften dieses einen Begriffs, die Massenträgheit einerseits und die Massenanziehung andererseits. Dass es sich bei diesen zwei Eigenschaften um unterschiedliche Verhaltensmuster handeln muss, ergibt sich schon aus der unterschiedlichen mathematischen Behandlung. Die Trägheit erscheint additiv, die Anziehung multiplikativ. Für eine Anziehung müssen Massen räumlich getrennt sein und Trägheit bewirkt die Verzögerung einer Bewegung. Es hat den Anschein, dass Anziehung und Trägheit für Raum bzw. Zeit verantwortlich sein könnten.

Für beide Eigenschaften von Masse gibt es empirische Belege, es gibt aber meines Wissens zurzeit keinen empirischen Beleg für das physikalische Konzept von Masse. Eine denkbare Erklärung ist möglicherweise, Masse als lokalisierbare Form von Energie zu betrachten, als für uns Menschen lokalisierbare Form! Was wir lokalisieren können, betrachten wir als real (entweder...oder), was nicht, als virtuell (sowohl...als auch). Diese Unterscheidung zwischen Realität und Virtualität ist eine Konsequenz des Auflösungsvermögens und dieses ist wiederum abhängig von der Komplexität des Betrachters.

Da das Auflösungsvermögen aber einen wesentlichen Bestandteil des Verstehens darstellt, dieses Verstehen aber auf einem irgendwie gearteten *Intelligenzvermögen* beruht, hängen beide *Vermögen*, das Auflösungs- sowie das Intelligenzvermögen von der Komplexität des Betrachters ab, aber mit unterschiedlichen Vorzeichen. Während das Intelligenzvermögen mit wachsender Komplexität zunimmt, nimmt das Auflösungsvermögen bei wachsender Komplexität ab. Eine wachsende Komplexität hat somit nicht nur Vorteile (Intelligenz), sondern auch Nachteile (Auflösung), also zwei gegenläufige Eigenschaften. Wenn man diese beiden Eigenschaften als komplementär betrachtet, erkennt man sofort ihre gegenseitige Bedingtheit und das Dilemma unserer Erkenntnisfähigkeit.

Die Tatsache, dass es keine Vorteile ohne Nachteile geben kann ist *kein* Paradox, sondern tatsächlich ein Dilemma. Ein Paradoxon beruht auf falschen Annahmen, die zumeist auf Verallgemeinerungen, Vereinfachungen oder Extrapolationen basieren, ein Dilemma erwächst hingegen aus Komplementaritäten oder Dualismen, die sich nicht vereinen lassen. Diese Dualismen basieren aber immer auf zwei unterschiedlichen Eigenschaften einer einzigen Entität (Monismus). Wir Menschen sind das beste Beispiel dafür, wir sind liebevoll und phlegmatisch, wir sind egoistisch und altruistisch, wir sind euphorisch und zurückhaltend und wir sprechen dennoch von einer Person.

Wir wissen nicht, wodurch Anziehung und Trägheit primär bewirkt werden, wir können aber die dadurch verursachten Sekundäreffekte großer Massen messtechnisch erfassen. Unser Auflösungsvermögen lässt nur die Beobachtung von Sekundäreffekten zu. Raum und Zeit sind somit virtuelle Hilfsparameter, um diese Beobachtungen aufzeichnen zu können. Zur Darstellung des Raums verwenden wir ein Koordinatensystem, für die Darstellung der Zeit eine regelmäßige Periode oder Frequenz, aber ein Koordinatensystem ist etwas anderes als Raum und eine Frequenz etwas anderes als Zeit!

Unser mangelndes Auflösungsvermögen und unser virtuelles Vorstellungsvermögen zusammen verleiten uns immer wieder zu Spekulationen, zu faszinierenden Spekulationen, zu toller *science fiction*, deren empirischer Nachweis gar nicht möglich ist und wie gezeigt, gar nicht möglich sein kann. Aber wir Menschen lieben Geschichten, lieben Erzählungen, wir lieben Phantasien und Visionen so sehr, dass wir lieber diesen glauben wollen als der blanken Realität. So sind wir in unseren Träumen gefangen und der Erfolg scheint denen vorbehalten, die die schönsten Geschichten erzählen können.

Leider gibt es keine Vorteile ohne Nachteile, gibt es keine schönen Geschichten ohne Wermutstropfen und je länger wir diesen schönen Geschichten nachhängen, umso härter erscheint dann die Rückkehr in die Wirklichkeit. Wer hoch steigt, kann auch tief fallen. Da sind Begriffe wie Optimismus und Pessimismus wenig hilfreich. Man kann und muss träumen dürfen, darf dabei aber niemals den Boden der Tatsachen aus dem Blick verlieren.

Wir sind auf Spekulationen angewiesen, aber nur solange empirische Überprüfung möglich ist. Evolution geht immer weiter, aber nicht ohne zwischenzeitliche Zusammenbrüche und nicht ohne Recycling. Wenn Masse beispielsweise regional zu Energie recycelt wird, werden damit auch Raum und Zeit regional recycelt. So können Raum und Zeit immer wieder neu entstehen und sich immer wieder neue Strukturen bilden.

Das ist etwas völlig anderes als eine Genesis oder ein Urknall, denn bei diesem Recycling geht es nicht um das Universum als Ganzes, sondern um Regionen innerhalb des Universums. Allein der Gedanke, wir könnten irgendwelche Aussagen über das Universum insgesamt machen, erscheint mir äußerst ambitioniert und um auf den Anfang dieses Essays zurückzukommen, naiv.

Epilog

Die Frage nach dem Wesen von Raum und Zeit hat mich von Anbeginn an fasziniert und mein erstes Buch, in dem ich mein abwechslungsreiches Leben mit einer Pilgerreise auf dem Jakobsweg verglich, sollte daher in Titel und Untertitel die Begriffe *Zeit, Raum* und *endlich* beinhalten, denn mir war früh bewusst, dass eine endliche Informationsgeschwindigkeit für das Rätsel von Raum und Zeit verantwortlich sein musste. So lautete der Titel: *Meine Zeit, eine endliche Reise in den Raum.*

Meine Zielsetzung war nie, dieses Rätsel zu lösen, das haben vor mir schon viele intelligentere Menschen vergeblich versucht, meine Zielsetzung war einzig, dieses Rätsel zu verstehen und der Weg zu diesem Verständnis wurde durch die Erkenntnis geebnet, dass sich Evolution und Perfektion gegenseitig ausschließen. Das ist aber nur ein Teil, ein verifizierbarer Teil der Erkenntnis, der andere Teil der Erkenntnis basiert auf der Frage, ob unsere Welt, unser Universum, evolutionär oder perfekt ist. Das ist eine Glaubensfrage, die letztlich jeder Mensch für sich selbst beantworten muss.

Eine perfekte Welt sollte jedoch eindeutig sein, also in letzter Instanz keine offenen Fragen zulassen. Ein Dualismus steht jedoch dieser Eindeutigkeit entgegen und ist ein Markenzeichen der Evolution. Wie ließ bereits Goethe seinen Faust sprechen: *Zwei Seelen wohnen, ach, in meiner Brust,* Dualismus (zwei Seelen) und Monismus (eine Brust) kompakt in einem Satz. Erst als mir richtig klar wurde, dass sich Dualismus und Monismus nicht wirklich ausschließen, sondern sich tatsächlich gegenseitig ergänzen und bedingen, kam ich persönlich einen Schritt weiter.

Die Genesis hat nicht stattgefunden, sie findet statt und diese Evolution verbindet die Gegenwart mit der Vergangenheit und Zukunft. Die Welt ist die Gegenwart und diese hat weder einen Anfang noch ein Ende, sondern einzig eine Vergangenheit und eine Zukunft.

Wir Menschen selbst haben einen Anfang und ein Ende, die Menschheit hat das, auch unsere Erde, unser Sonnensystem und wahrscheinlich auch unsere Galaxie. Alle diese kann man als pseudo-vollständige Systeme betrachten, da man diese Pseudo-Systeme in ihrer Ganzheit erkennen kann, auch wenn manche Begrenzungen eher virtuell erscheinen. Selbst bei unserer Erde kann man unterschiedliche Grenzen definieren, je nachdem ob und welchen Teil der Atmosphäre man der Erde zugehörig definiert. Aber alle diese Entitäten, diese Pseudo-Systeme verschwinden niemals ganz, sondern werden alle in der einen oder anderen Form recycelt. Das macht bereits deutlich, wie schwammig und wenig eindeutig die Physik mit dem Systembegriff umgeht.

Physik lässt sich beschreiben als die Suche nach Eindeutigkeit und wenn diese Eindeutigkeit tatsächlich nicht gegeben ist, muss sich entweder die Physik ändern oder die Wissenschaft nach einem Namen für die Evolutionswissenschaft suchen. Dualismus lässt sich nicht in ein Korsett der Eindeutigkeit zwängen. Eine Quantenphysik macht nur Sinn, solange Quanten eine Signifikanz besitzen, also in vollständigen Systemen. Zeit macht in der Physik nur Sinn, wenn man eine physikalische Zeit als Kehrwert einer Frequenz verwendet und auch das ist auf vollständige Systeme. wie beispielsweise die Rotation der Erde, begrenzt. Welchen Sinn macht der Begriff *Astrophysik*, wenn man die Physik in fernen Galaxien gar nicht ermitteln kann und folglich auch gar nicht mit einer Erdphysik vergleichen kann?

Wenn eine Entität zwei unterschiedliche Eigenschaften, zwei unterschiedliche Seiten hat, spricht man von einer Asymmetrie. Das Charakteristische einer Asymmetrie ist das Phänomen, dass sie von beiden *Seiten* unterschiedlich wirkt und dass man nicht von der einen Seite auf die andere schließen kann. Von der Zeit wissen wir, dass sie asymmetrisch ist, wir können nicht aus der Vergangenheit auf die Zukunft schließen.

Da Masse aber anscheinend nicht nur für die Zeit, sondern auch für Raum verantwortlich zu sein scheint, ist die Vermutung nicht abwegig, dass auch der Raum asymmetrisch sein könnte, nicht die Verteilung im Raum, sondern der Raum selbst. Der Raum würde dann aber von hier anders aussehen als von dort, eine Vorstellung, die der bekannten Kosmologie und Astrophysik vom Grundsatz her widerspräche. Da wir unseren Kosmos nur von hier betrachten können, fehlen uns für eine Widerlegung oder eine Rechtfertigung empirische Belege.

Der Dualismus von Masse stellt uns vor anscheinend unlösbare Probleme, vor ein Dilemma, auf das wir keine Antwort geben können. Unser Universum enthält sicherlich alles erdenkliche Wissen und alle denkbare Macht, eine endliche Informationsgeschwindigkeit schließt allerdings Allwissenheit und Allmacht im Universum selbst aus. Die fehlende Gleichzeitigkeit ist für die Grenzen unserer Erkenntnis verantwortlich. Gäbe es diese Gleichzeitigkeit, gäbe es jedoch nicht diese Welt und auch nicht uns und unsere Beobachtung der Welt.

Eine fehlende Gleichzeitigkeit impliziert aber auch eine fehlende Eindeutigkeit und damit das Dilemma der Wissenschaft, die ursprünglich auf einem Postulat der Eindeutigkeit errichtet wurde. Im Gegensatz zu Religionen, deren Fundament *Glauben* ist, sollte Wissenschaft auf fundamentalem Wissen basieren, einem Wissen, das empirisch nachgewiesen ist.

Um einen empirischen Nachweis für eine (spekulative) These führen zu können, muss man diese These tatsächlich zunächst spekulieren. Insofern müssen Spekulation und Empirie immer Hand in Hand gehen. Als Experimentalphysiker habe ich irgendwann einmal gelernt und begriffen, dass es keine perfekten und *eineindeutigen* empirischen Nachweise gibt.

Dafür gibt es zwei Erklärungsmöglichkeiten. Zum einen ist der Experimentator nicht perfekt oder aber das Experiment selbst nicht eindeutig. Es ist daher naheliegend, den Fehler zunächst bei sich selbst zu suchen, aber irgendwann reift die Erkenntnis, den Begriff der Perfektion durch *gut genug* zu ersetzen. Wenn die Ergebnisse gut genug sind, wird die These als gesicherte Erkenntnis betrachtet.

Aber wird dadurch nicht ein religiöser Glauben durch einen empirischen Glauben substituiert, nämlich den Glauben daran, dass empirische Nachweise eindeutig sein müssen? Ist darin nicht bereits der Glaube an eine einzige Wahrheit verankert, an eine einzige *unveränderliche* Wahrheit?

Der Begriff Monismus drückt aus, dass es nur eine einzige Welt gibt, in der alles mit allem zusammenhängt. Er besagt nicht, dass diese Welt ein vollständiges System im Sinne der Physik sein muss. Der Begriff Dualismus drückt aus, dass wir Menschen die Welt nicht als Ganzes, als vollständiges System erkennen oder wahrnehmen können und daher immer nur Teilaspekte betrachten können.

Beide Begriffe, Monismus und Dualismus, klammern definitiv die Frage aus, warum es die Welt gibt. Diese Frage hat die Menschheit seit Anbeginn beschäftigt und die einzige Antwort, die ihr auf diese Frage einfiel, war **Gott**. Ich persönlich kenne keine bessere Antwort, weil mir meine Erkenntnisfähigkeit keine bessere Antwort erlaubt.

Die zentrale Frage ist, wie jeder Einzelne mit dem Begriff *Gott* umgeht. Da für mich persönlich *Gott* die Antwort auf Fragen ist, für die mir mein Erkenntnisrahmen keine anderen Antworten liefern kann, betrachte ich mich selbst als Agnostiker, nicht als Atheisten. Wenn mich jemand fragt, ob ich Atheist sei, antworte ich daher immer mit einer Gegenfrage: Wer ist *Theo?*

Wenn man erkennt, dass sich Dualismus und Monismus nicht widersprechen, sondern die zwei Seiten einer Medaille sind, die man auch als Grundpfeiler der Evolution betrachten kann, dann stellt sich natürlich die Frage, ob unser Universum evolutionär oder lebendig sein könnte.

Könnte ein lebendiges Universum eine Lösung sein? Ich denke ja, denn es würde viele Fragen im Keim ersticken, schon deshalb, weil Leben niemals eindeutig ist. Ein lebendiges Universum erfindet sich immer wieder neu, kann in Teilen recycelt werden und sich regional erneuern. Ein evolutionäres Universum ist vermutlich inhomogen und damit verbieten sich per se kosmologische Theorien.

Theorien müssen per Definition mathematisch fundiert und empirisch überprüfbar sein und sie müssen eindeutig sein! Alle drei Bedingungen sind für ein Universum, dessen Vollständigkeit nicht nachweisbar ist, nicht gegeben.

Mir persönlich wäre es nicht unsympathisch, dass Universum als Ganzes, als Ganzheit, als Gott zu begreifen. Dieser Gott entspräche allen meinen Erwartungen, er wäre lebendig, neugierig und lernfähig und niemals gänzlich zu verstehen! Er hätte ein Wesen, aber er wäre wegen seiner Unvollständigkeit kein Wesen im herkömmlichen Sinne.

Er wäre auch ein ganz persönlicher Gott, weil jeder die Welt mit seinen Augen sieht und die Welt auf jeden eine eigene, eine unterschiedliche Wirkung ausübt. Wir können und wir müssen diese unterschiedlichen Wirkungen untereinander austauschen, aber wir sollten sie nicht übernehmen müssen.

Wir haben inzwischen zu unserem eigenen Leidwesen erfahren müssen, dass *Monokulturen*, egal welcher Art, langfristig mehr Nachteile erzeugen als Vorteile zu generieren. Das gilt nicht nur für die Natur, für Bäume und Pflanzen, sondern auch für unsere Kultur, für unser Denken, für unsere Ideologien und Religionen und für unsere Strategien.

Mit unseren Strategien verändern wir die Umwelt und wir haben unsere Sinne und unseren Verstand, um diese Veränderungen zu beobachten und zu bewerten, ständig, Tag für Tag. Wenn diese Strategien nachteilig sind, müssen wir die Strategien anpassen oder verändern, es gibt *keine goldenen* Strategien! Wenn es die gäbe, bräuchten wir weder Wahrnehmung noch Verstand!

Würde man die Affinität von Informationen und die Anziehung von Massen als gegenseitige Zuneigung oder als Kraft der Liebe interpretieren, dann wäre Liebe der Beginn von allem und dann wäre auch verständlich, warum die Welt so kompliziert und zufällig erscheint. Die Liebe ist schließlich unberechenbar!

Oft ist es einfach nur hilfreich, den Kopf frei zu bekommen, zu meditieren. In der Informatik sagt man, jeder *boot* tut gut. Dieses Essay soll dazu beitragen, auch wissenschaftliche Erkenntnisse von Zeit zu Zeit zu überdenken und neu zu bewerten und die Grenzen der Erkenntnis zu berücksichtigen.

Literatur

- R. Axelrod: *Die Evolution der Kooperation*
- S. Blackmore: *The Meme Machine / Die Macht der Meme*
- F. Cramer: *Der Zeitbaum*
- S. J. Gould: *Zufall Mensch*
- E. Haeckel: *Die Welträtsel*
- G. Hiller: *Komplementarität und Symbiose*
- G. Hiller: *Die recycelte Zeit*
- G. Hiller: *Symbiotic Cosmos*
- G. Hiller: *Zeus, Gravitatione und Ich*
- D.R. Hofstadter: *Gödel, Escher, Bach*
- A. v. Humboldt: *Kosmos*
- J. Huxley: *Evolutionary Humanism*
- D. Kahnemann: *Thinking Fast and Slow*
- D. Kehlmann: *Die Vermessung der Welt*
- J. Lovelock: *Gaia*
- N. Luhmann: *Einführung in die Systemtheorie*
- S. Mancuso/A. Viola: *Die Intelligenz der Pflanzen*
- D. Meadows: *Die Grenzen des Wachstums*
- J. Monod: *Zufall und Notwendigkeit*
- J. Surowiecki: *The Wisdom of Crowds*
- A. Wulf: *Alexander von Humboldt*
- A. Wulf: *Die Vermessung des Himmels*

Günter Hiller

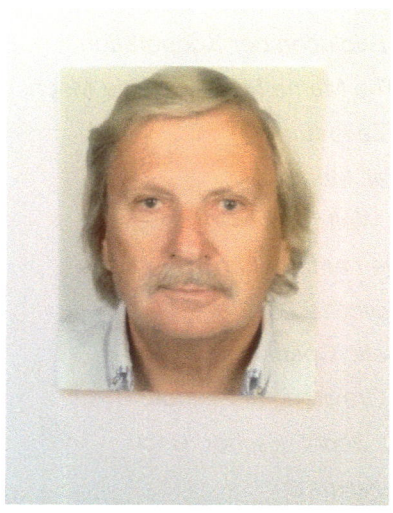

Geboren 1943, graduierte 1970 von der Technischen Universität Berlin mit dem Diplom in Physik. In den folgenden 17 Jahren lebte und arbeitete er als Geophysiker in 15 verschiedenen Ländern, immer in Kontakt mit fremden Kulturen und deren Denkweisen. Aus familiären Gründen kehrte er nach Deutschland zurück, wo er in der Mess- und Regeltechnik und als Technischer Leiter für die Entwicklung von Tierhaltungssystemen beschäftigt war.